글 김성화·권수진

부산대학교에서 생물학, 분자생물학을 공부했습니다. 《과학자와 놀자》로 창비 좋은어린이책 상을 받았습니다. 첨단 과학은 신기한 뉴스거리가 아니라 물리 법칙으로 가능한 과학 세계의 이야기라는 것을 들려주려고 '미래가 온다' 시리즈를 쓰기 시작했고, 지금까지 《미래가 온다, 로봇》, 《미래가 온다, 나노봇》, 《미래가 온다, 뇌 과학》, 《미래가 온다, 바이러스》, 《미래가 온다, 인공 지능》, 《미래가 온다, 우주 과학》, 《미래가 온다, 게놈》, 《미래가 온다, 인공 생태계》가 출간됐습니다. 《고래는 왜 바다로 갔을까?》, 《과학은 공식이 아니라 이야기란다》, 《파인만, 과학을 웃겨 주세요》, 《우주: 우리우주에 무슨 일이 있었던 거야?》, 《지구: 넓고 넓은 우주에 기적이 하나 있어》, 《뉴턴》, 《만만한 수학: 점이 뭐야?》 등을 썼습니다.

그림 이철민

출판 기획 또는 글을 쓰는 그림 작가입니다. 1994년부터 다양한 이슈를 다루는 저널, 광고 그리고 아이들을 위한 동화에 그림을 그렸습니다.
그린 책으로 《박문수전》, 《이순신과 명량대첩》, 《창경궁의 동무》, 《여우누이》, 《내 이름》, 《미래가 온다, 로봇》, 《미래가 온다, 인공 지능》이 있으며, 쓰고 그린 책으로 일상을 담은 수필집 《글그림》을 출간했습니다.

미래가 온다

미래 에너지

와이즈만 BOOKs

미래가 온다! 미래 에너지

1판 1쇄 발행 2020년 9월 20일 | 1판 6쇄 발행 2023년 7월 1일

글 김성화 권수진 | 그림 이철민 | 발행처 와이즈만 BOOKs | 발행인 염만숙

출판사업본부장 김현정 | 편집 오미현 원선희
기획진행 임형진 | 디자인 권석연 | 마케팅 강윤현 백미영

출판등록 1998년 7월 23일 제1998-000170 | 제조국 대한민국
주소 서울특별시 서초구 남부순환로 2219 나노빌딩 5층
전화 마케팅 02-2033-8987 편집 02-2033-8928 | 팩스 02-3474-1411
전자우편 books@askwhy.co.kr | 홈페이지 mindalive.co.kr | 사용연령 8세 이상
ISBN 979-11-87513-97-1 74500 979-11-87513-57-5(세트)

ⓒ 2020, 김성화 권수진 이철민 임형진
이 책의 저작권은 김성화, 권수진, 이철민, 임형진에게 있습니다.
저자와 출판사의 허락 없이 내용의 일부를 인용하거나 발췌하는 것을 금합니다.

잘못된 책은 구입처에서 바꿔드립니다.

와이즈만 BOOKs는 ㈜창의와탐구의 출판 브랜드입니다.
KC마크는 이 제품이 공통안전기준에 적합하였음을 의미합니다.

미래가 온다
미래 에너지

김성화·권수진 글 | 이철민 그림

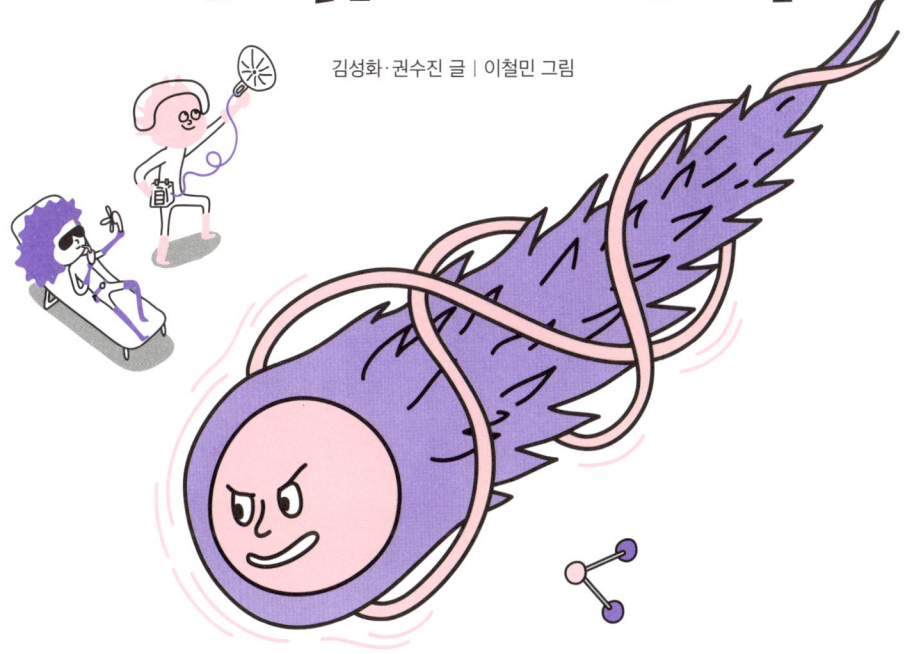

2070년 어느 날 괴짜 과학자가 대단한 기계를 발명해.
"무슨 기계?"
전자 펌프!
"그게 뭐야?"
공짜로 에너지를 얻는 기계야!

그렇다니까. 그것도 무한대로!
공짜로 에너지를 얻는 기계를 발명한 과학자는 인류를 에너지 위기에서 구한 영웅이 돼. 지구를 오염시키며 에너지를 만들던 석탄 회사, 가스 회사, 석유 회사, 원자력 발전소는 영원히 문을 닫아.
매일매일 공짜 에너지가 넘쳐 나고 흥청망청 에너지를 써.

인류 문명이 위대한 도약을 하게 된 거야. 와우!
모두가 공짜 에너지에 취해 살고 있을 때, 딱 한 사람,
물리학자는 마음이 불편해.

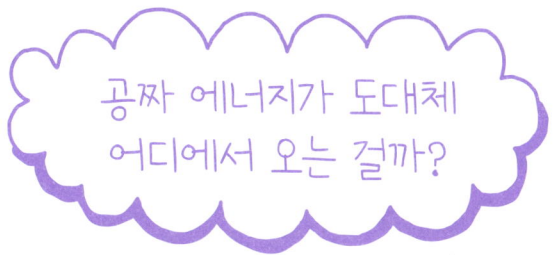

공짜 에너지가 도대체 어디에서 오는 걸까?

마침내 물리학자는 비밀을 밝혀내.
그건 결코 공짜가 아니었어!
"그럼 뭐야?"
우리 우주를 갉아먹으며 다른 우주에서 흘러들어 온
에너지였어. 그 때문에 태양의 수명이 단축되고, 지구도
끝장날 운명이야!
"말도 안 돼! 그럼 어떡해?"

01 공짜로 에너지를 얻는 기계 9

02 에너지가 어디서 올까? 17

03 변신하고, 변신하고, 변신하고, 변신하고,
변신하는 에너지 27

04 에너지가 비싼 이유 37

05 에너지로 에너지 만들기 45

06 가까운 미래 에너지 59

07 **핵융합 에너지** 73

08 **지구에서 태양 만들기** 87

09 **상온 초전도체** 105

10 **자기력 시대가 온다** 115

11 **우주 태양광 발전** 121

12 **우주에서 지구 에너지 문명은
    몇 단계일까?** 127

'전자 펌프'는 아이작 아시모프 박사의 소설에 나오는
미래 기계야. 아시모프 박사는 물리학자인데, 흥미진진한
미래 과학 소설을 많이 썼어. 전자 펌프는 말 그대로
펌프에서 전자가 뿜어져 나오는 기계야. 플루토늄-186이라는
신비한 원자가 계속해서 전자를 방출해. 전기 요금을 한 푼도
낼 필요가 없어. 발전소도 전력 회사도 없어. 그건 그냥
어디에선가 지구로 오는 공짜 에너지야!

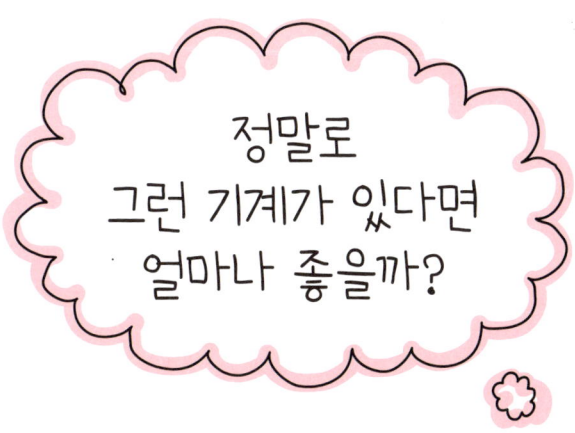

정말로
그런 기계가 있다면
얼마나 좋을까?

하지만 아직 그런 기계는 없어!
아니! 영원히 없을 거야!
"왜? 과학 문명이 발달하면 될걸?"

안 돼!

100년 뒤에도?

그렇다니까!

500년 뒤에는 될지 몰라!

안 된다고!

왜?

우주에 공짜 에너지는 없어!

누군가 공짜 에너지를 쓴다면 반드시 어디에선가 에너지가 줄어들어. 그게 물리 법칙이야. 자연의 법칙이라고. 우주에 있는 에너지의 총량은 언제나 같아. 1도 새로 생겨나지 않고 1도 사라지지 않아. 태초에 신이 우주에 불어넣어 준 에너지의 양은 결코 변하지 않는다는 이야기야. 억 년 전에도 억 년 후에도 에너지의 양이 같아!
과학자들은 그걸 **에너지 보존 법칙**이라고 불러. 바로바로 **열역학 제1 법칙**이야.
물리 법칙을 어기는 일은 일어나지 않아!
"그럼 아시모프 박사의 소설이 틀린 거야?"
그럴 리가! 아시모프 박사의 소설 속 전자 펌프는 결코 공짜 기계가 아니었어. 그건 악당 외계 문명이 자기 별의 수명을 늘리기 위해 지구로 흘려보낸 미심쩍은 에너지였어.
"헐!"

공짜로 에너지를 얻는 기계는 없어!
에너지 보존 법칙을 잊지 마! 우주에서 가장 중요한 법칙이니까!
만약에 외계인이 너에게 공짜 에너지를 준다고 해도 절대로 속으면 안 돼!

우주 어딘가에 에너지 창고가 있다면 좋을 텐데. 써도 써도 닳지 않는 무한 에너지 저장 창고! 어딘가 있을지 모르지만 아무도 찾지 못했어. 찾는다 해도 쓰는 방법을 몰라. 우리는 우리가 아는 에너지를 쓸 뿐이야.

"모르는 에너지도 있어?"

당연하지! 우주는 과학자도 모르는 에너지로 가득 차 있어. 아무도 정체를 모르는 에너지라고 이름도 **암흑 에너지**야! 과학계의 최신 뉴스인걸. 암흑 에너지가 은하들을 서로서로 멀리멀리 밀어내고 있다잖아!

"정말?"

그렇다니까! 암흑 에너지 때문에 은하와 은하 사이가 지금도 엄청나게 빠른 속도로 멀어지고 있어. 우주가 점점 커지고 있다고!

에너지는 눈에 보이지 않아.
소리도 없고, 만질 수도 없어.
그런데 무언가를 해!

유령이야?

어쩌면!
아무도 에너지를 본 적이 없어. 그게 정확히 무엇인지도 몰라. 우주에 '에너지'라는 것이 있다는 것밖에는!
우리는 에너지라는 말을 아무렇지 않게 쓰지만, 사실은 에너지가 정말로 무엇인지는 아무도 몰라. 철학자도 과학자도!
"과학자도?"
그렇다니까!
"헐! 과학자도 모르는 게 있어?"
당연하지. 위대한 과학자라면 정말로 모르는 것은 모른다고 솔직하게 말해.
과학자와 보통 사람의 차이가 뭔지 알아?

과학자 VS 보통 사람

무엇을 알고 무엇을 모르는지 **"정확히"** 안다.

무엇을 알고 무엇을 모르는지 **"잘"** 모른다.

에너지가 정말로 무엇인지는 아무도 몰라. 하지만
과학자들이 이것을 알아냈어.
형체도 없고 정체도 없는데 에너지가 무언가를 한다는 거야!
"무얼 하는데?"
일을 해!
"무슨 일?"
아무 거나!

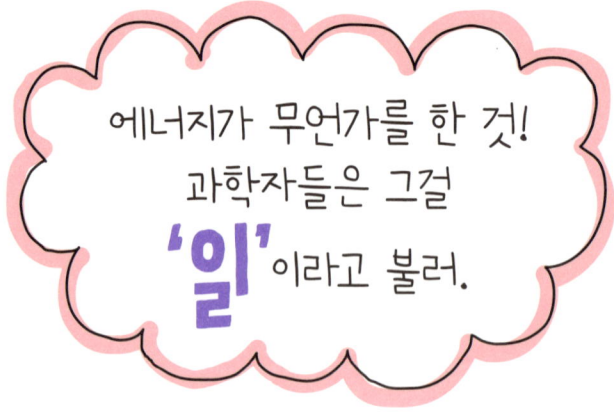

에너지가 무언가를 한 것!
과학자들은 그걸
'일'이라고 불러.

태풍으로 방파제가 무너지고 전봇대가 쓰러졌다고?
태풍 에너지가 일을 한 거야!
야구공을 잘못 던져서 옆집 유리창을 깨뜨렸다고? 엄마가
보면 너는 사고를 친 거지만, 과학자가 보면 일을 한 거야!

에너지는 지금 **일**하는 중…

에너지는 이상해! 무언가를 할 때에만 나타나.
가만히 있으면 아무도 그게 에너지라는 걸 몰라.
쉿, 어둠 속에서 네가 엄마 몰래 찬장 문을 연다고 해 봐.
네가 문을 여는 동작을 하는 순간, 에너지가 모습을 드러내.
"어떻게 생겼어?"
안 보인다고 했잖아. 하지만 나타났어.
"어떻게 알아?"
문이 열렸다는 게 증거야!
너의 근육 속에서 에너지가 빠져나왔어!

이제 조용조용 도로 찬장 문을 닫아.
진짜로 이상한 이야기는 지금부터야!
이건 네가 한 번도 들어 보지 못한 에너지 이야기야!

03
변신하고, 변신하고, 변신하고, 변신하고, 변신하는 에너지

찬장 문을 닫았어?

쿵! 찬장 문이 닫힐 때 이상한 일이 일어나.

에너지가 변신해!

너의 근육에서 빠져나온 에너지가 무언가로 변신해.

"어떻게 생겼어?"

안 보인다고 했잖아. 하지만 무언가를 해.

문이 쿵, 닫힐 때 문이 떨려. 공기가 떨려.

문이 찬장에 닿을 때 마찰이 생겨. 아주아주 조금 열이 발생해. 공기가 아주아주 조금 데워져.

열이 어둠 속으로 퍼져 나가. 너의 근육 속에 숨어 있던 에너지가 열에너지로 변신한 거야!

쉿,
너의 근육에서 나온 에너지가
창문 틈으로, 구름 속으로
멀리멀리
퍼져 가고 있어!

눈치챘어?

에너지는 가만히 있는 법이 없어.

무슨 일인가 일어날 때마다, 네가 무언가를 할 때마다 변신해!

"어떻게?"

정체가 바뀌어. 이름도 바뀌고!

너의 근육 속에 있을 땐 **근육 에너지**야.

에너지가 너의 팔에서 빠져나와 열에너지로 변신해.

자동차 연료 통에 들어 있는 건 **석유 에너지**지만, 자동차에 시동이 걸리는 순간 에너지가 변신해!

연료가 공기 중의 산소와 만나 고온 고압 기체가 발생해. 뜨거운 **열에너지**가 쉭쉭 쉭쉭 피스톤을 움직여 바퀴를 굴려. **운동 에너지**로 변신한 거야! 자동차가 달릴 때 꽁무니로 뜨거운 열기가 뿜어져 나와. 바퀴가 땅에 닿을 때 아스팔트가 뜨거워져. 석유 에너지가 열에너지로, 운동 에너지로, 또 열에너지로 변신해 공기 중으로 훨훨 날아가!

호로록~ 라면이 먹고 싶다고?

냄비에 물을 올리고 딸깍, 가스 불을 켜는 순간, 가스 밸브 속에 있던 천연가스 에너지가 뜨거운 열에너지로 변신해. 열에너지가 냄비 분자로, 냄비 분자에서 물 분자로 전해져. 물이 뽀글뽀글, 냄비 뚜껑이 들썩들썩 운동 에너지로 변신하고 있어. 물 분자의 운동 에너지로 라면이 익는 거야! 네가 자전거를 타고 어디론가 갈 수 있는 것도 에너지가 변신하기 때문이야. 너의 다리 근육 에너지가 운동 에너지로 변신하고, 바퀴가 회전할 때 보도 블록을 데워! 운동 에너지가 열에너지로 변신해!

에너지가
변신하지 않는다면,

아무 일도 할 수 없고

아무 일도 일어나지
않을 거야!

미끄럼틀 위에 서 봐!
너에게 아주 특별한 에너지가 생겨.
방금 전에는 없었던 새로운 에너지야!
"미끄럼틀 위에만 올라가도 에너지가 생긴다고? 우와, 슈퍼맨이 되는 거야?"
어쩌면! 슈퍼맨이 날아다닐 때도 꼭 필요한 거야!
바로바로 **위치 에너지**야.
"푸하하! 그런 에너지는 처음 들어봐!"
그건 말 그대로 위치 때문에 생기는 에너지야.
높은 곳에서 아래로 떨어지는 쾌감을 맛보려면 너는 위치 에너지를 벌어야 해. 너의 근육 에너지를 써서 높은 데로 올라가야 한다고. 슝~ 내려올 때 위치 에너지가 운동 에너지로 변신해!
"그런 것도 에너지야?"
당연하지. 위치 에너지가 없다면 롤러코스터는 없어. 롤러코스터를 타고 아래로 떨어지는 쾌감을 느낄 수 있는 건 전기 에너지가 너를 위치 에너지로 올려 준 덕분이야. 롤러코스터에 숨어 있는 에너지를 찾아봐! 변신하고 변신하는 에너지가 숨어 있어!

놀이동산에 가면 매의 눈으로 찾아봐!
어디 어디에 무슨 에너지가 숨어 있는지!
에너지가 어떻게 변신하는지!
"갈래! 지금 당장!"

04
에너지가 비싼 이유

에너지는 비싸!

왜 그럴까?

에너지는 모였다가 흩어지고 흩어졌다가 다시 모여.

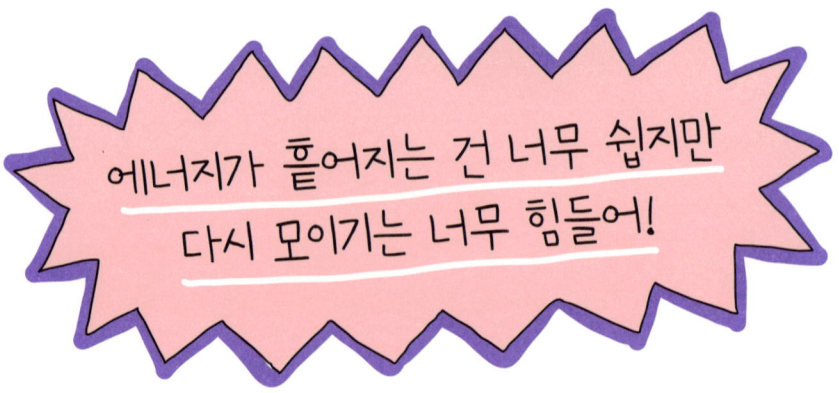

뜨거운 커피는 저절로 식어. 힘들여 무언가를 할 필요가 없어. 그냥 기다리기만 하면 돼. 열에너지가 알아서 흩어져. 하지만 그 반대는 너무 어려워.

너는 뜨거운 커피가 뜨거운 채로 그대로 있거나, 저절로 점점 더 뜨거워지는 걸 본 적이 있어?

어쩌면 억 년의 억 년의 억 년을 기다리면 한 번쯤 그런 일이 일어날지 몰라. 하지만 그런 일은 아직 한 번도 일어나지 않았어. 과학계에 그런 일이 보고된 적은 한 번도 없었어!

헛수고야!
커피가 저절로 뜨거워지기를 기다리느니 눈에서 레이저를 발사해 커피를 데워 보는 게 어때?
커피는 저절로 뜨거워지지 않아.
그게 우주의 법칙이야! 바로바로 **열역학 제2 법칙**! **엔트로피 법칙**이라는 별명으로 더 유명해.

에너지는 저절로 흩어져.
에너지는 모여 있는 걸 싫어해.
끝없이 끝없이
흩어지고 싶어한다고!

방을 어지르기는 쉬어도 치우기가 어려운 것도 바로바로 엔트로피 법칙 때문이야. 방은 저절로 어질러져. 네가 일부러 열심히 어지르지 않았는데도 말이야.
"헐! 어떻게 알았어? 내 방은 정말로 그렇다고!"

엄마가 모르는 엔트로피 법칙

에너지는 언제나 높은 데서 낮은 데로 흘러.
에너지가 높은 데서 에너지가 낮은 데로!
정리 정돈이 잘된 방은 에너지가 너무 높은 상태야.
에너지한테는 아주아주 못마땅하고 불안한 상태라는 말이야.
에너지는 호시탐탐 낮은 데로 가고 싶어 해.
방이 자꾸자꾸 어질러져!
무언가를 짓는 것보다 부수는 게 훨씬 더 쉬워.
뜨거운 건 저절로 식고, 엄마의 꼬불꼬불 파마 머리도
언젠가는 풀어져.
다시 꼬불거리게 하려면 화학 에너지와 전기 에너지로
머리카락을 지져야만 돼!

에너지는
흘어 버리기 쉬워도
도로 모으기
어렵기 때문에.

**그렇게
비싼 거야!**

이제 알겠어?

에너지가 비싼 이유는 엔트로피 법칙 때문이야.

에너지가 자꾸만 흩어지고 싶어 하기 때문이야!

에너지가 많은 데서 에너지가 적은 데로, 점점 더 적은 데로,

더 적은 데로, 멀리 멀리 흩어져 가. 지구 끝까지,

우주 끝까지…….

우주의 에너지는 1도 생겨나지 않고 1도 사라지지 않고
그대로 있는데, 사람들은 왜 에너지가 고갈된다고,
에너지를 아껴 써야 한다고 야단일까?
우주의 에너지는 고갈되지 않아. 변신하고 변신할 뿐!
"그럼 아껴 쓰지 않아도 되는 거야?"
아니! 우주에 인류가 영원히 쓰고도 남을 무한한 에너지가
있다고 해도 그건 그림의 떡일 뿐이야.
"왜?"
에너지를 쓸 방법도, 저장하는 방법도 모르기 때문이야.
우리가 이용하는 에너지는 고작 햇볕 조금, 바람 조금,
그리고 대부분 석탄과 석유, 천연가스, 우라늄이야.
네가 스위치를 딸깍 켤 때마다 지구에서 석탄과 석유,
천연가스, 우라늄이 조금씩 사라져! 언젠가는 완전히
사라질걸. 네가 하루에 쓰는 석탄과 석유, 우라늄이
얼마일까?

전기를 쓸 때 너는 석탄을 쓰는 거야. 석유를 쓰고, 우라늄을 쓰는 거라고!

전기는 인류가 가장 최근에 발견한 에너지야. 편리하고 깨끗하고 냄새도 없는 마법의 에너지야!

그런데 전기 에너지가 어디서 오는 걸까?

"벽에서 나오잖아!"

헐!

"푸하하, 농담이야. 발전소에서 만들잖아!"

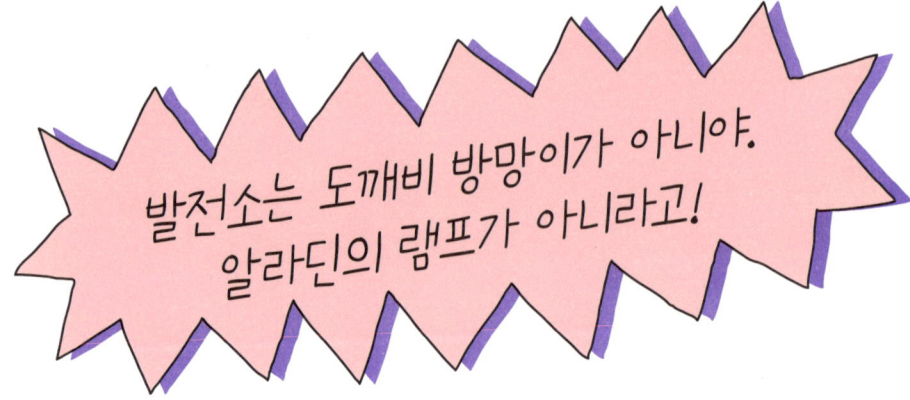

발전소는 도깨비 방망이가 아니야. 알라딘의 램프가 아니라고!

네가 쓰는 전기는, 대부분 발전소에서 석탄으로 보일러에 불을 때서 만드는 거야.

네가 스위치를 딸깍 켤 때마다 사실은 석탄을 쓰는 거야!

발전소는 석탄 에너지를 전기 에너지로 바꿔 줄 뿐이야.

"정말? 어떻게 하는 거야?"

발전기의 원리

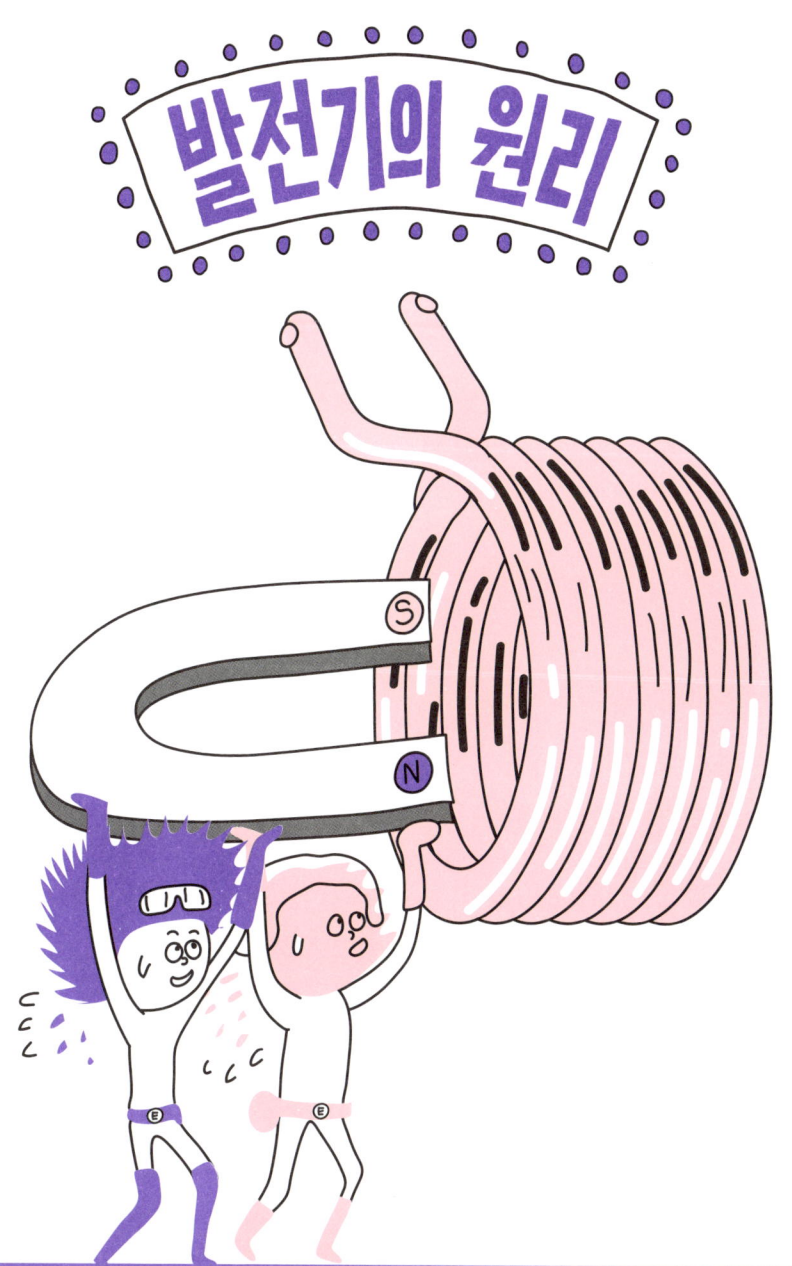

동그란 구리 다발 속으로
자석을 넣었다 뺐다 하면 전류가 생겨!
자석을 가만히 두고 구리 다발을 움직여도 전류가 생겨!
마이클 패러데이라는 위대한 과학자가 발견했어.

발전소에서는 자석을 넣었다 뺐다 하는 대신 자석에 구리줄을 감고, 구리줄을 빠르게 회전시켜. 그게 바로 터빈이야.

터빈을 누가 돌릴까? 어떻게 돌릴까?

석탄을 활활 태워서 보일러를 돌려! 물을 끓여 증기 압력으로 터빈을 돌리는 거야. 석유와 천연가스를 태우기도 해.

석탄은 오래 전에 죽은 거대한 식물들이 땅에 묻혀 화석이 된 거야. 석유는 동물들이 묻혀 화석이 된 거야. 그래서 화석 연료야. 화석 연료 속에는 탄소가 많아. 생물의 몸속에 탄소가 많기 때문이야.

탄소가 탈 때 공기 중에 있는 산소와 만나 이산화탄소가 돼. 이산화탄소가 지구의 열기를 가두어 지구의 온도를 높여. **온실가스**가 돼. 네가 전기 스위치를 딸깍 켤 때마다 지구에 온실가스가 쌓여!

석탄과 석유는 오래전에 죽은 식물과 동물의 시체 속에 들어 있었던 에너지야. 시체 에너지가 발전소에서 전기 에너지로 변신하는 거야!

으스스한 에너지

식물의 시체 속에 들어 있던 에너지로!

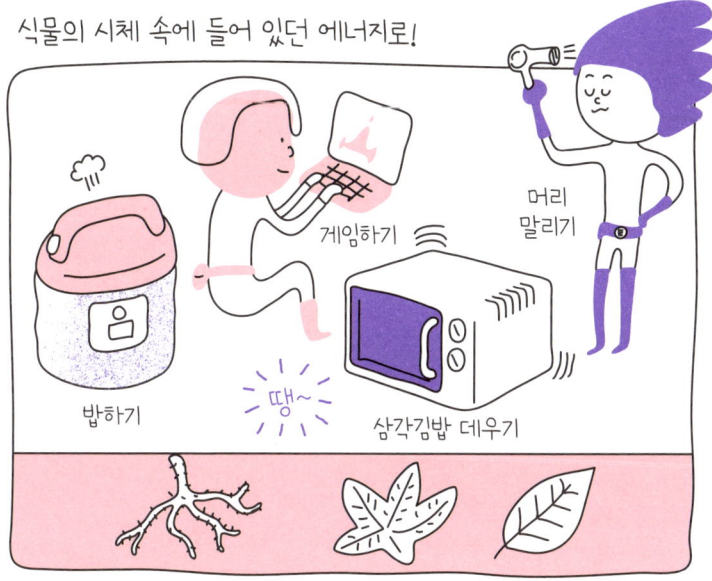

동물의 시체 속에 들어 있던 에너지로!

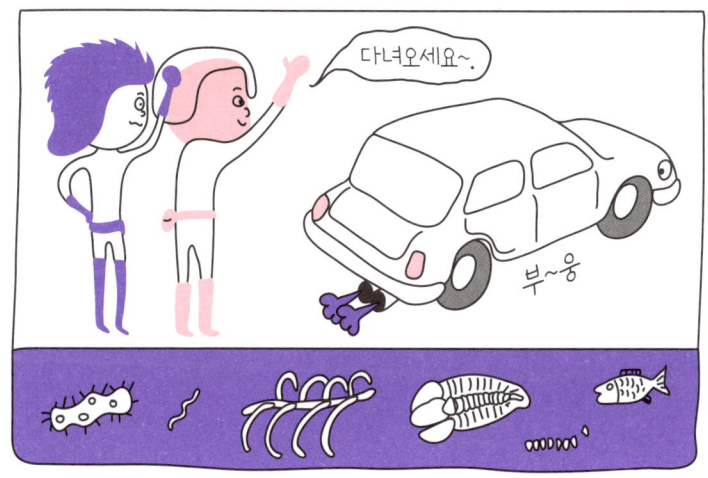

발전소의 보일러 연료로 석탄이나 석유 대신 핵연료를 쓸 수도 있어.
"그게 뭐야?"
말 그대로 원자핵을 연료로 쓰는 거야.
자연에 있는 92가지 원자 중에 어떤 원자는 정말로 기이한데, 원자핵이 저절로 2개로 쪼개지면서 엄청난 열을 내.
그 열로 물을 끓여 터빈을 돌리는 거야.
"그런 원자가 있다고?"
바로바로 우라늄이야.

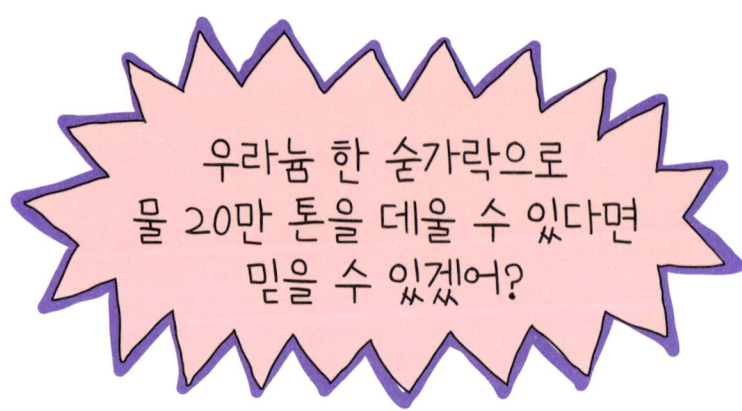

우라늄 한 숟가락으로 물 20만 톤을 데울 수 있다면 믿을 수 있겠어?

대단한 원자력이야!
"말도 안 돼!"

원자력 에너지는 석탄이나 석유처럼 온실가스를 배출하지 않고, 아주아주 적은 양으로 엄청난 에너지를 낼 수 있어. 그런데 문제가 있어.
"왜?"
사고 위험이 너무 높아!
원자력 발전기가 고장을 일으키거나, 지진이나 해일로 원자력 발전소가 붕괴되면 무시무시한 일이 일어나.
"무슨 일인데?"
인터넷으로 체르노빌 원전 사고와 후쿠시마 원전 사고를 검색해 봐.

하지만 사고 위험보다 더 골치 아픈 진짜 문제가 있어.
"원전 사고보다 더 위험한 게 있다고?"
어쩌면 열 배, 백 배 더 위험할지 몰라. 바로바로 원자력 발전소에서 나오는 핵폐기물 문제야.
쓰고 남은 우라늄 찌꺼기, 방사능에 오염된 작업복, 장갑, 걸레, 신발, 발전기 교체 부품들……. 그 중에서도 가장 위험한 건 우라늄 찌꺼기야.
원자로를 1년 동안 가동하면 위험한 우라늄 찌꺼기가 30톤 생기는데, 밤에도 빛이 날 정도로 강한 방사능이 나와. 땅속 깊이 묻어도 수천만 년 동안 방사능을 방출하는데, 문제는 이걸 처리할 방법이 없다는 거야.
우리나라는 원자력 발전소 안에 임시로 핵폐기물을 따로 모으고 있어. 하지만 이걸 어떻게 할지는 아무도 몰라.

인류가 핵에너지를 쓰게 된 지 벌써 50년이 넘었는데 아직도 핵폐기물을 처리할 방법을 몰라.
대부분의 나라에서 그냥 바다에 버리거나 땅에 묻어 버려.
쉿, 이건 비밀인데 그리 깊이 묻지도 않는다는 거야!
"헐!"

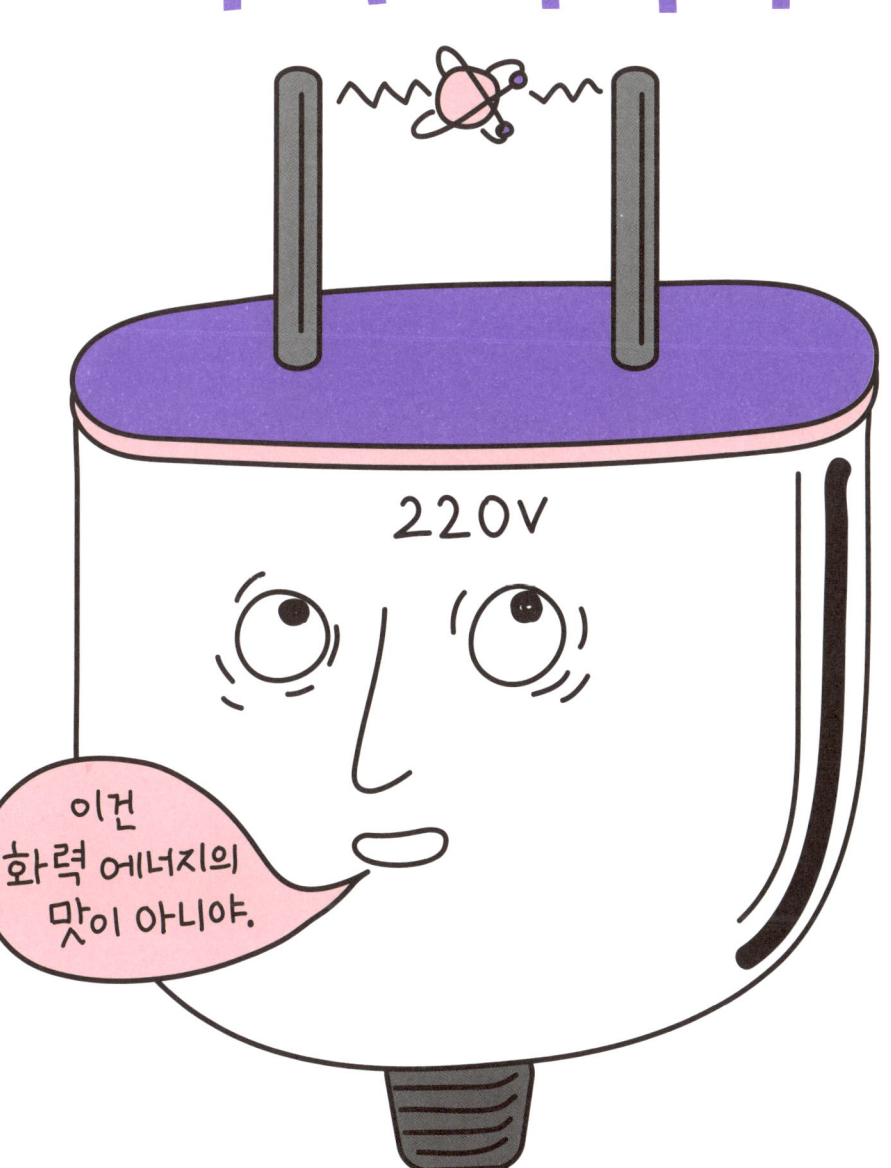

에너지는 정말 정말 골치 아픈 문제야.
우리는 전기 없이 단 하루도 살 수 없는데, 전기 에너지를 만들기 위해 어디에선가 이렇게 무시무시한 일이 벌어지고 있다는 거야!
네가 핸드폰을 한 번 충전할 때마다, 에어컨을 켤 때마다 지구의 하늘에 온실가스가 쌓여. 갈 곳 없는 핵폐기물이 늘어만 가.

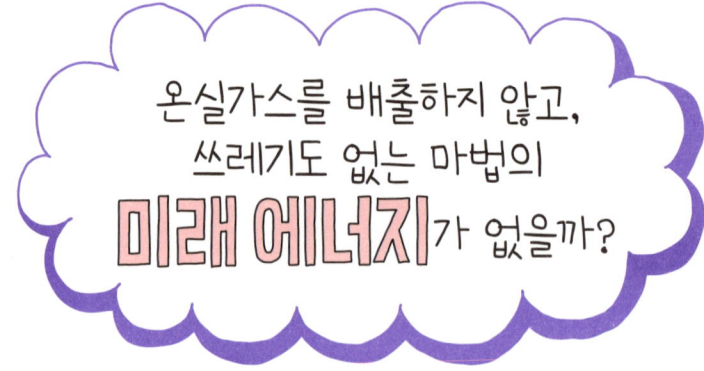

온실가스를 배출하지 않고, 쓰레기도 없는 마법의 **미래 에너지**가 없을까?

있어! 그건 더럽지 않고, 위험하지 않고, 지구 어디에나 있어. 바로바로 햇빛과 바람이야!
보일러를 떼며 증기 압력으로 터빈을 돌릴 필요가 없어.
태양 에너지를 곧바로, 바람 에너지를 곧바로 전기로 바꿀 수 있어. 그럼 지금의 발전소는 유물이 될 거야.

"쳇! 우리가 원시인이라고?"
미래 아이들이 보면 그럴지도!
미래에 사는 아이들은 화력 발전소도, 원자력 발전소도 모를 거야. 대신 집집마다 지붕에 뭔가를 달고 전기를 만들어. 마음껏 불을 켜고, 세탁기와 냉장고를 돌리고, 에어컨을 켜도 전기 요금을 낼 필요가 없어.

우리 집 전기는 우리 집에서 만들어!

"우와! 어떻게 하는 거야?"
태양 전지판을 달아! 태양 전지는 태양에서 쏟아지는 광자를 금속의 표면에 부딪혀 전자가 튕겨 나오게 하는 장치야.
"당장 달고 싶어!"
아직은 값이 너무 비싸. 효율도 떨어져. 태양 전지는 아직 많은 양의 전기를 만들어 내지 못해. 하지만 과학자들이 태양 전지의 효율을 높이기 위해 끊임없이 노력하고 있어. 미래에는 효율이 뛰어나고 값싼 태양 전지가 우리에게 전기를 만들어 줄 거야.

어쩌면 태양 전지보다 더 빨리 우리에게 전기를 만들어 줄 청정 미래 에너지가 있어. 바로바로 **풍력 에너지**야.
풍차는 오직 바람의 힘으로 터빈을 돌려. 바람이 풍차의 날개를 돌리고, 거대한 풍차의 기둥 속에 터빈이 숨겨져 있어. 날개의 운동 에너지로 터빈을 돌리고 전기 에너지를 만들어.
풍력 발전소는 바람이 세게 부는 언덕이나 바닷가에 설치하는데, 높이 올라갈수록 바람이 세.
더 센 바람을 찾아 풍차가 점점 높아지고, 점점 더 거대해지고 있어!
풍차를 올려. 높이 더 높이!

풍력 발전소는 온실가스를 만들지 않는 청청 미래 에너지야. 하지만 바람이 많이 부는 장소가 도시에서 멀리 떨어져 있다는 게 문제야. 너무 먼 거리로 전기를 수송해야 해. 설치 비용이 많이 들고, 전기를 만들 만큼 바람이 세게 부는 곳도 그리 많지 않아.
그래서 우주 과학자와 공학자들이 발명했어.

공중 부유식 풍력 발전!

"그게 뭐야?"
하늘을 나는 풍차야.
"하늘을 나는 풍차라고? 우와!"
까마득히 높은 600미터 하늘 위에 풍차를 띄우고 전기를 만들어!
"어떻게 하는 거야?"
헬륨을 가득 넣은 비행 물체에 터빈을 싣고 날개를 달아 하늘로 띄워. 거긴 바람이 정말로 많이 불거든. 풍차를 싣고 어디든 달려가. 바다 한가운데라도 문제없어!

가까운 미래에는 내연 기관 자동차도 모두 사라질 거야. 연료 통에 출렁출렁 석유를 싣고, 꽁무니로 매연을 내뿜으며 달리는 지금의 꼴사나운 자동차들은 치워 버려.

조용하고 깨끗한 전기 자동차가 도로를 달리고, 주유소 대신 전기 충전소에 들러!

어쩌면 전기 자동차도 몰아내고, 모두가 수소 자동차를 타는 시대가 올지 몰라. 수소 자동차는 석유나 전기 배터리 대신 연료 통에 수소를 싣고 달려. 꽁무니로 나오는 것이라곤 똑똑 떨어지는 몇 방울의 물뿐이야! 연료 통의 수소와 공기 중의 산소가 만나 물을 만들고 강력한 화학 에너지를 내. 화학 에너지를 곧바로 전기 에너지로 바꾸며 수소 자동차가 달리는 거야!

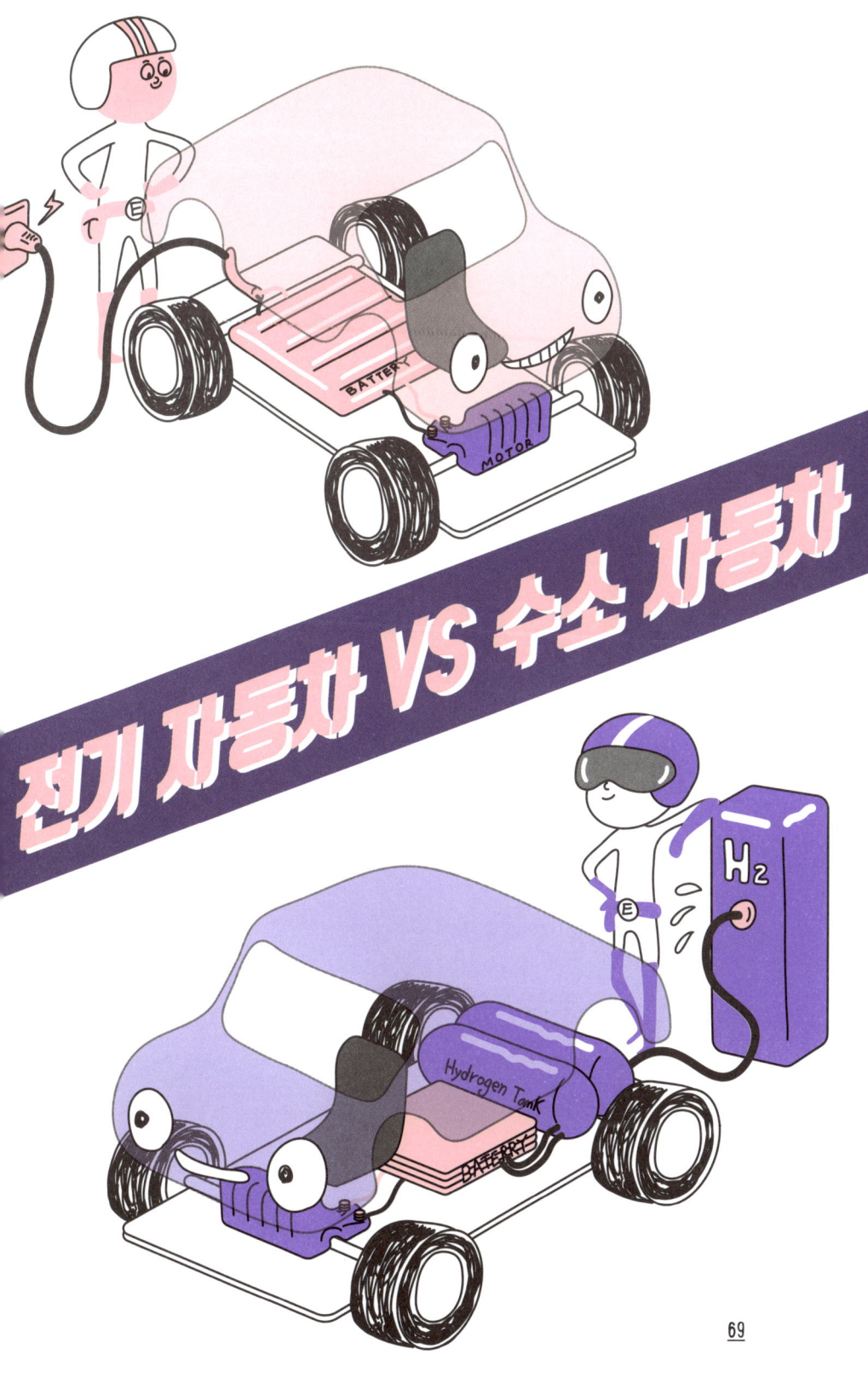

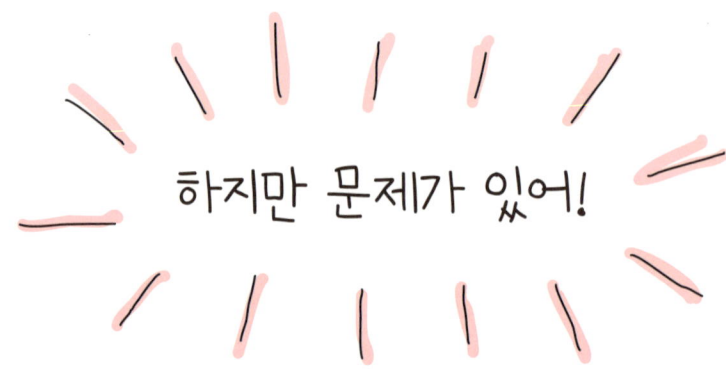
하지만 문제가 있어!

"또 뭐가 문제야?"
전기 자동차도 수소 자동차도 지금의 자동차처럼 직접 화석 연료를 쓰지는 않지만 전기 에너지가 필요해.
전기 자동차의 배터리를 충전하는 전기 에너지가 어디서 오겠어?
여전히 화력 발전소에서 온다는 거야. 어디선가는 석탄을 활활 태워야 해. 원자력 발전소를 돌려야 해.
수소 자동차도 마찬가지야.
수소는 우주에 가장 많은 원소지만, 지구에서는 대부분 물 분자에 갇혀 있어. 수소를 얻으려면 물을 전기 분해해서 수소와 산소로 분리해야 하는데, 어마어마한 전기 에너지가 필요해. 물을 전기 분해할 전기 에너지가 어디서 오겠어?
그게 또 화력 발전소와 원자력 발전소에서 온다는 거야!

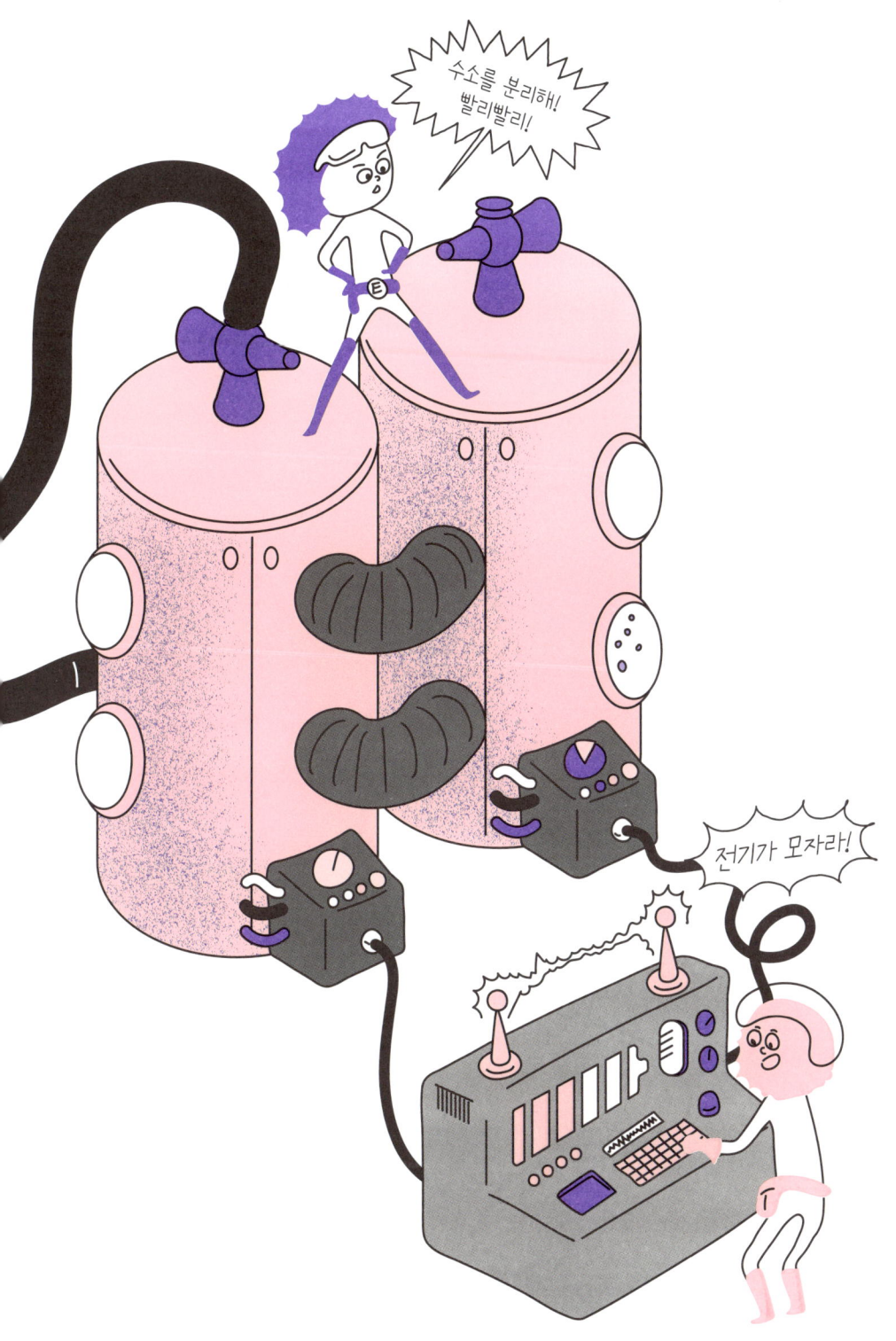

우리는 에너지를 바꾸어서 쓸 뿐이야.
석탄을, 석유를, 바람을 전기로 바꿔.
무에서 에너지를 만들 수는 없어.
에너지를 만들기 위해 끊임없이 에너지를 써야 해.
에너지를 쓰기 위해 더 많은 에너지를 써야 해!

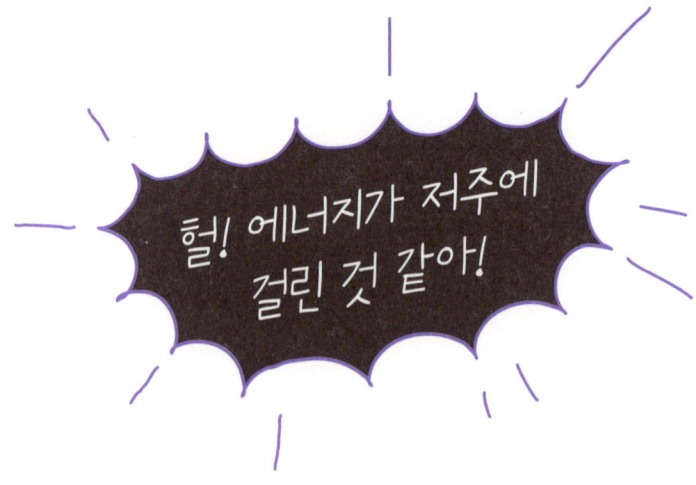

헐! 에너지가 저주에 걸린 것 같아!

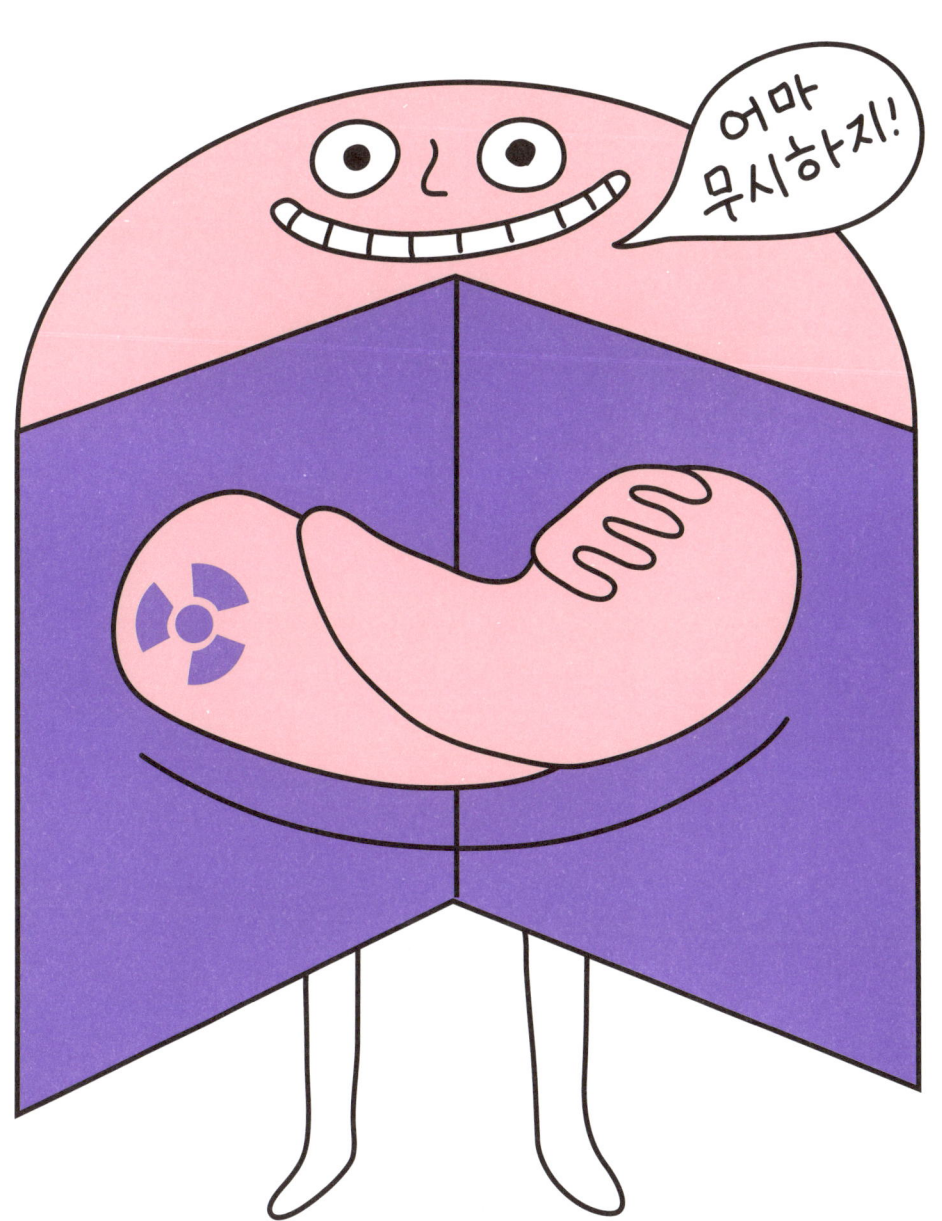

에너지가 정말 저주에 걸린 걸까?

어쩌면!

아마도!

에너지의 저주를 풀어 줄 궁극의 에너지원이 필요해.

"있어?"

있어!

2100년에는 그런 에너지가 올지 몰라.

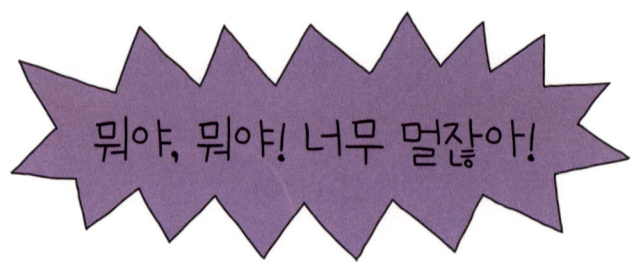

어쩌면 조금 더 빨리 올지 몰라. 왜냐하면 과학자들이 20년 안에 인류가 궁극의 에너지원을 갖게 될 거라고 말했거든. 문제는 과학자들이 20년마다 그 말을 되풀이하고 있다는 거야.

"뭐야, 뭐야. 된다는 거야, 안 된다는 거야? 있기는 있는 거야?"

있다니까! 쉿, 그건 우리와 너무 가까운 곳에 있어. 어쩌면 너무 먼 곳일지도 모르지만.

너는 별이 불타는 비밀을 알아?

우주에는 수천억 개의 은하들이 있어. 그리고 은하 한 개마다 별이 또 수천억 개씩 있어. 그 별들의 에너지원이 뭘까? 태양은 50억 년 동안 하루도 꺼지지 않고 활활 타오르고 있어. 별을 태우는 신의 연료라도 있는 걸까?

"정말 그런 게 있어?"

있어! 그건 우주의 첫 번째 원소이고, 우주에 가장 많은 원소이기도 해.

별은 거대한 수소 덩어리야!

수소가 뭉치고 뭉쳐 별이 되었어. 수소가 어마어마한 중력으로 뭉쳐. 별의 가장 안쪽은 온도가 자그마치 수천만 도야. 태양 내부는 5000만 도쯤 돼! 그게 얼마만큼 뜨거운 건지 상상할 수 있겠어? 100도, 1000도, 10000도를 넘어 그것의 5천 배만큼 뜨거운 온도를?

그건 아무도 상상할 수 없는 온도야!

바로 거기서 괴상한 일이 일어나고 있어. 별의 가장 안쪽의 안쪽의 안쪽의 안쪽의…… 가장 안쪽에서 무슨 일인가 벌어져. 기적 같기도 하고 연금술 같기도 한 놀라운 일이!

무슨 일인데?

원자와 원자가 뭉쳐.
완전히
다른 원자로 둔갑해.

펑!

수소 두 개가
헬륨 한 개로!

"그게 뭐 어쨌다는 거야?"
놀랍지 않다고?
지금 네 눈앞에서 모래가 펑! 금으로 변한다면 믿을 수 있겠어? 콘플레이크가 축구공으로 변한다면 믿을 수 있겠어? 별 속에서 바로 그런 일이 일어난 거라고!
"오!"
놀라운 일은 지금부터야!
사라진 수소 두 개보다 새로 생긴 헬륨 한 개의 무게가 아——주 조금 작아!

에너지 보존 법칙에 따르면

우주에서 무언가가 사라지는 일은 없어.

줄어든 질량이 무언가로 변신한 거야.

✡ ✡ ✡
감쪽같이 무언가로 바뀌었어!

사라진 질량이 에너지로 바뀌었어!
어마어마한 빛과 열에너지로!
그게 바로 별이 빛나는 이유야.
우리의 태양이 그렇게 빛나고 있어. 깜깜한 우주를 가로질러
1억5천만 킬로미터를 날아와 너의 이마를 때려.
과학자들이 꿈꾸는 궁극의 에너지원이 바로 여기에 있어.

과학자들이 지구에서 태양을 만들려 해!

"헐! 어떻게? 그게 가능해?"

가능해!

태양의 한가운데서처럼 수소 원자핵과 수소 원자핵을 합쳐 헬륨 원자핵으로 만드는 거야. 그럼 엄청난 에너지를 얻을 수 있어.

바로바로 과학자들이 꿈에도 그리는 **핵융합 에너지**야!

수소와 수소를 뭉쳐 헬륨을 만들어!

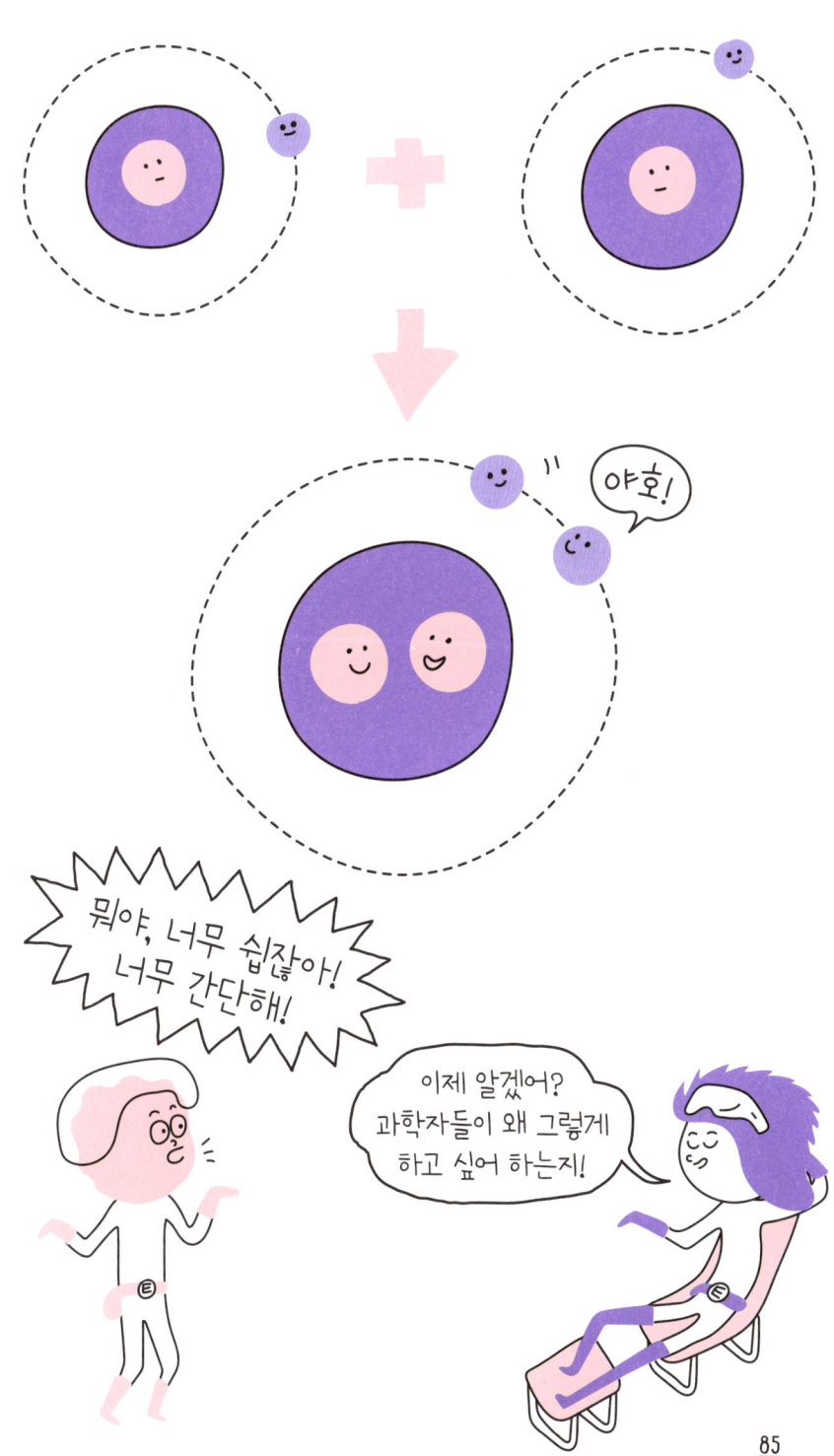

핵융합 에너지를 가질 수만 있다면 지금까지 인류가 사용해 온 어떤 에너지와도 비교할 수 없는 환상의 에너지원이 될 거야.

온실가스도 끔찍한 핵폐기물도 만들지 않고, 사고 위험이 없고, 적은 연료로 거의 무한대의 전기를 얻을 수 있어. 수소는 우주에 가장 많은 원소이고, 지구의 바닷물에도 얼마든지 있어.

핵융합은 말 그대로 환상적인 꿈의 에너지야. 딱 한 가지 문제만 빼고!

"뭔데?"

아직 존재하지 않는다는 거야!

08
지구에서 태양 만들기

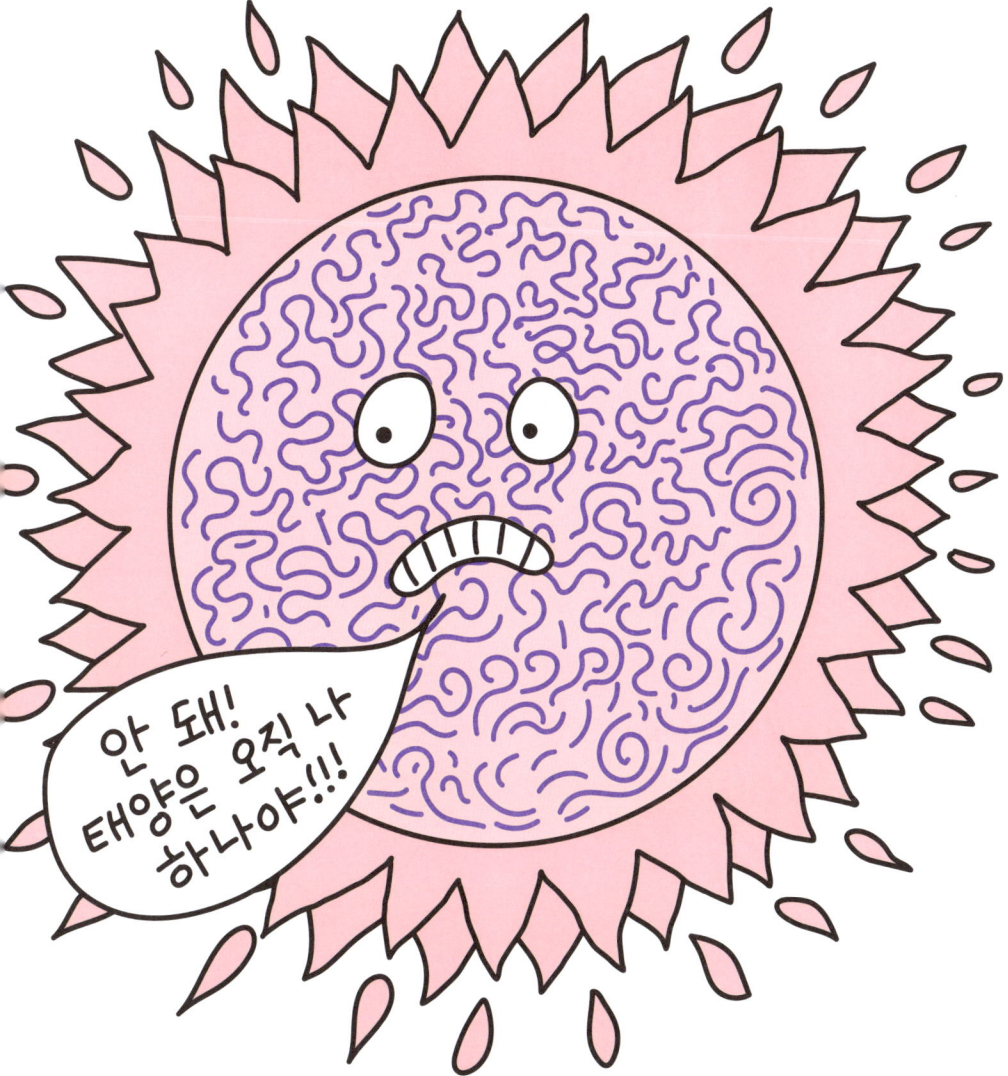

핵융합은 쉬운 일이 아니야. 보통 때는 절대로 일어나지 않는 일이라고! 아니, 절대로 일어나서는 안 되는 일이야. 사실은 핵과 핵이 뭉치지 않는 게 얼마나 다행인지 알아야 해.

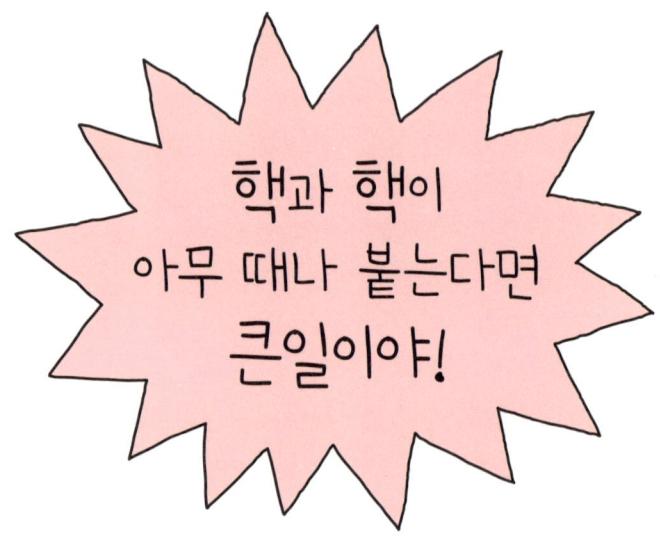

원자들이 아무 데서나 핵융합을 일으킨다면 너는 너로 존재할 수 없고, 나는 나로 존재할 수 없어. 컵이 컵으로 있을 수 없고, 연필이 연필로 있을 수 없다는 이야기야. 세상 모든 물질이 한데 달라붙어 우주가 한 덩어리가 돼 버릴걸.

핵융합은 우주 저 멀리 별의 한가운데서만 일어나는 아주, 아주, 아주 특별한 일이야!

핵과 핵을 달라붙게 하려면 별만큼 뜨거운 온도가 필요해.
지구에서는 그렇게 뜨거운 온도를 만들 수 없어.
온도를 높일 수 있다 해도 수소를 담을 통이 문제야. 그렇게 뜨거운 걸 어디에 담겠어? 다이아몬드라도 녹아 버려!
그런데 놀라운 소문이 들려왔어. 누군가가 보통의 온도에서 핵융합에 성공했다는 거야!

수근수근

1951년, 아르헨티나의 로널드 리히터라는 과학자가 비밀리에 핵융합에 성공했다는 소식이 들려왔어. 미국이 깜짝 놀라고, 소련이 깜짝 놀랐어.

'그럴 리가!'

'잠꼬대 폭탄이겠지!'

똑똑!

조사관이 로널드 리히터의 연구실을 방문했어. 바로 그때 리히터가 연구실 문을 폭파시켜 버렸어!

리히터는 정신 이상자로 판명되었고 정부를 기만한 죄로 재판에 넘겨졌어.

1989년, 핵융합으로 세계가 또 한번 들썩였어.
이번에는 유타 대학의 저명한 화학자 스탠리 폰즈와 마틴 플라이슈만이 저온 핵융합에 성공했다는 거야. 별만큼 뜨거운 온도가 아니라 보통의 온도에서 핵융합이 일어난 거야!
'어떻게 그런 일이!'
팔라듐을 물속에 담그면 부글부글 어떤 마법 같은 반응이 일어나서 수소 원자들이 핵융합을 일으킨다는 거야. 과학자들이 폰즈와 플라이슈만의 실험을 재연하기 위해 몰려들었어. 하지만 곧 방정식에서 오류가 발견됐어. 폰즈와 플라이슈만의 주장이 옳다면 그들은 벌써 어마어마한 에너지에 노출되어 죽었어야 했어!
과학자들은 팔라듐으로 핵융합을 일으킬 수 없다고 결론 내렸어. 하지만 논쟁이 아직도 끊이지 않고 있어. 가뭄에 콩 나듯 실험에 성공했다는 소식이 들려오기 때문이야.
과학자들도 정확한 이유를 몰라. 하지만 '아주 가끔씩만' 작동하는 장치라면 그걸로 자동차를 달리게 할 수는 없을 거야.

아주 저렴한 에너지 팝니다!

문제는 아주 가끔 달린다는 거죠. 아니면 언제 멈출지 모르거나.

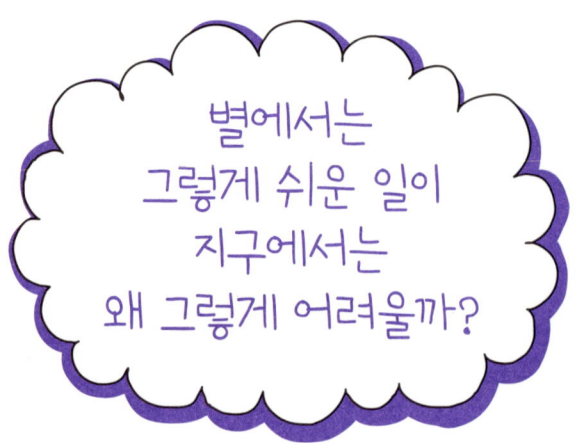

별에서는
그렇게 쉬운 일이
지구에서는
왜 그렇게 어려울까?

지구에서는 별의 온도를 만들 수 없고, 만든다 해도 초고온 수소를 담을 통이 없다는 거야. 지구에는 그렇게 뜨거운 온도를 견딜 수 있는 물질이 없어!

그래도 과학자들은 도전해.

수소 기체에 전류를 흘리고, 중성자를 쏘고, 레이저 빔을 쏘아 별의 온도를 만드는 데 성공했어.

794번째 실험 만에 0.1초!

7,883번째 실험 만에 17초!

17,321번째 실험 끝에 70초!

10년 동안 1만 번이 넘는 실험 끝에 마침내 1분의 벽을 넘었어! 바로바로 우리나라의 핵융합기 KSTAR가 말이야.

2018년 9월 4일, 세계 최초로 수소 기체를 70초 동안 1억 도로 유지하는 기록을 세웠어!

미국에는 NIF 레이저 핵융합기가 있어.
넓이는 축구장 3배만 하고 높이는 10층 건물에 맞먹는
거대한 시설에 대형 레이저 192개를 설치하고,
바늘 끝만 한 수소 샘플에 레이저 빔을 쏘는 장치야. 192개
레이저가 300억 분의 1초도 어긋나지 않게 동시에 레이저
빔을 쏴. 수소 샘플을 몇 나노미터도 비껴가면 안 돼.
그건 마치 서울에서 백두산까지 야구공을 던져 스트라이크
존에 넣는 것과 같아!

"헐!"

꿈의 핵융합을 실현하려고 세계의 과학자들이 뭉쳤어. **국제 열핵융합 실험로(ITER)**는 인류 역사상 가장 거대한 규모의 과학 프로젝트야. 유럽 연합과 미국, 중국, 인도, 일본, 러시아, 한국이 함께하는 초대형 프로젝트야.

벌써 설계를 마치고 프랑스에 실험로를 건설하고 있어. 그건 속이 텅 빈 거대한 철제 도넛처럼 생겼어. ITER은 에펠 탑보다 3배 무겁고, 19층 빌딩만 한 높이의 거대한 자석이야. 도넛 안쪽에 거대한 자기 코일이 설치되어 있어.

부품 하나만 해도 얼마나 무거운지 부품을 실은 트럭이 지나가기만 해도 도로가 망가져. 제일 커다란 부품 한 개의 무게가 900톤, 4층짜리 건물만 하다면 믿을 수 있겠어?

국제 열핵융합 실험로
ITER

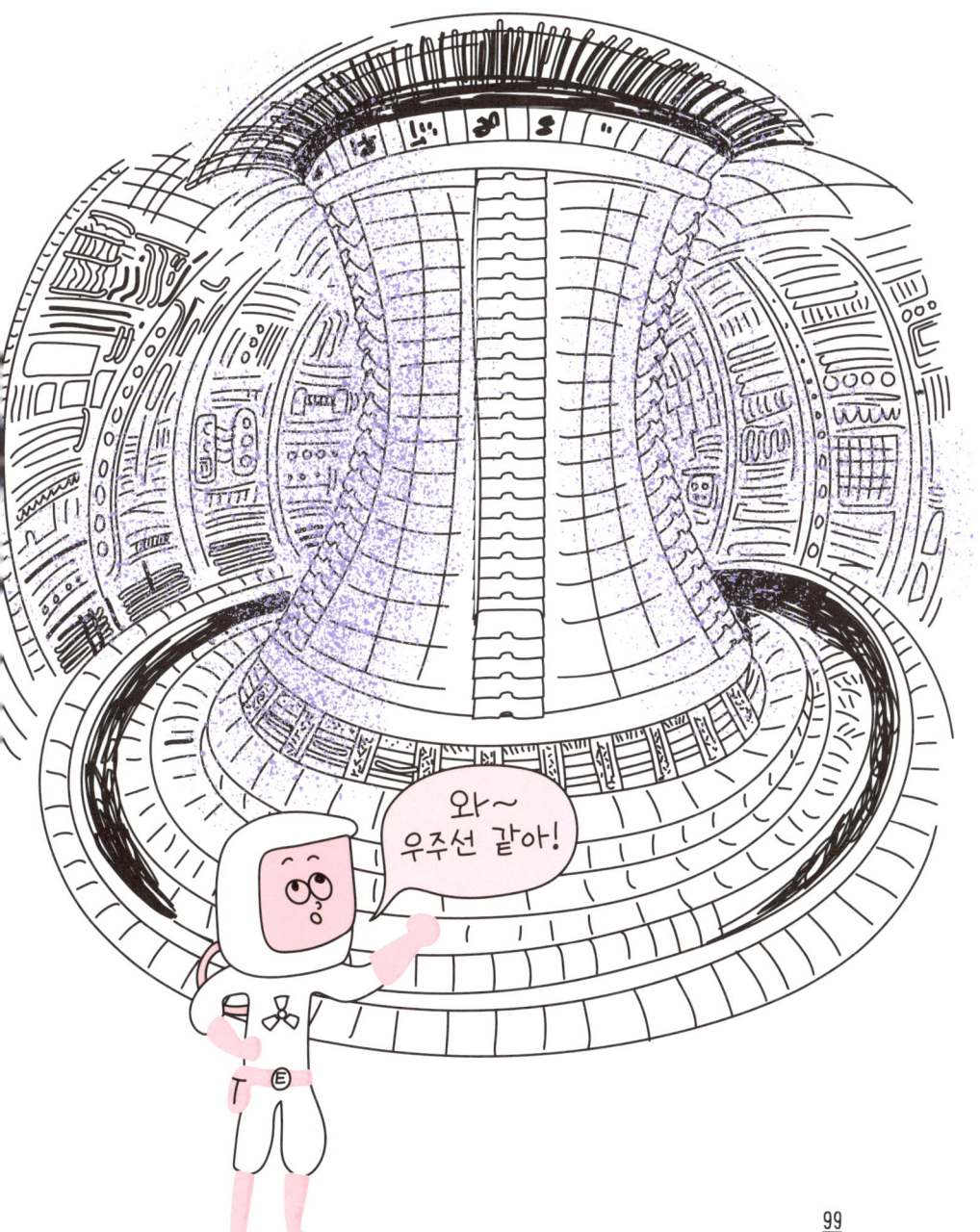

태양을 만들 수 있을까?

태양만큼 뜨거운 수소 기체는 어떤 물질에도 담을 수 없고, 오직 자기 호리병에만 담을 수 있어.

"자기 호리병? 그게 뭐야? 도자기야?"

어림도 없어! 그건 강력한 자기장으로 만드는, 눈에 보이지 않는 호리병이야!

도넛 안쪽에 거대한 코일을 설치해. 강력한 자기장을 만들어. 뜨거운 수소 기체를 자기장에 가둘 수 있어. 와우! 초고온 수소 기체가 벽에 닿지 않고, 도넛 안에 고리 모양으로 붕 떠 있게 하는 거야!

문제는 수소 기체 덩어리가 조금이라도 튀어나오거나 들어가지 않고, 균등하게 압축되도록 자기장을 조절해야 하는데 그게 너무너무 어렵다는 거야. 풍선을 손으로 눌러 고르게 압축시킨다고 상상해 봐. 아무리 해도 손가락 사이로 삐져나와!

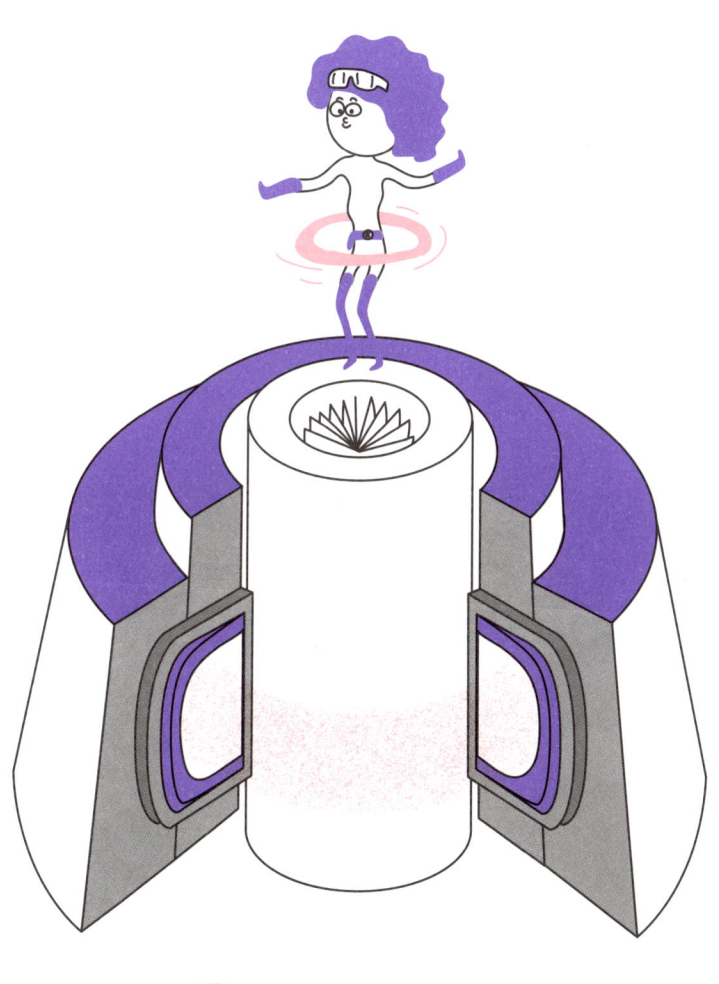

수소가 거대한 반지 모양으로 공중에 떠 있어!

ITER은 아직 효율 제로인 실험이야. 아니 마이너스야! 핵융합으로 뽑아낼 수 있는 에너지보다 들어가는 에너지가 10배나 많아.

그래도 멈출 수 없어. 언젠가는 핵융합 에너지로 터빈을 돌려 값싸게 무한대의 전기를 얻을 거야! 2050년쯤? 어쩌면 더 빨리!

반드시 성공한다는 보장은 없어.

은퇴한 물리학자와 괴짜 발명가, 아마추어 과학자, 수많은 나홀로 과학자들이 또 다른 핵융합 실험에 도전하고 있어. 그렇게 클 필요도 없고, 비용도 많이 들지 않고, 책상 위에 올려놓을 만큼 작은 탁상용 핵융합기를 발명하는 거야!

어떤 과학자는 조그만 상자 안에 초음파로 거품을 만들어 저온 핵융합을 일으키는 데 성공했어. 어떤 과학자는 진공 상자 안에 금속 구 두 개로 수소 핵융합에 성공했고. 미국의 한 고등학생은 자기 집 차고에서 진공청소기를 뜯어 만든 장치로 핵융합에 도전, 세계에서 18번째로 핵융합에 성공한 아마추어 과학자가 되었어!

"정말?"

100년쯤 뒤에는 집집마다 조그만 탁상용 핵융합 발전기가 있을지 몰라. 자동차에도 핵융합 발전기가 들어 있어. 핵융합 발전기로 전기를 만들고 자동차가 달려. 연료는 필요없어. 쓰레기통을 뒤져. 바나나 껍질, 찌그러진 캔을 넣고 윙윙 부릉부릉~.
기다리기 지루하다면 더 굉장한 뉴스가 기다리고 있어!

09 상온 초전도체

"초전도체? 그게 뭐야?"
22세기 마법의 돌이야!
초전도체가 무언지 알려면 전기가 무엇인지부터 알아야 해. 전기가 뭔지 알아?
"전기가 전기지 뭐야!"
전기는 전자가 움직이는 거야. 전자가 한쪽 방향으로 계속 흐르는 게 전류야. 전기는 너무 편리해. 눈에 보이지도 않고, 냄새도 없고, 소리도 없고, 조용하고 깨끗해.
전기 없는 세상은 상상도 할 수 없어! 오늘 하루 동안 네가 쓴 전기를 생각해 봐. 알람 시계로 일어나고, 전동 칫솔로 이를 닦고, 스마트폰을 충전하고. 전철을 타고 놀이동산에 가서 하루 종일 놀이 기구를 타고 놀았다면, 네가 하루 동안 쓴 전기 에너지가 도대체 얼마일까?
전기가 너무 편리하기 때문에 석탄으로, 석유로, 바람으로, 원자력으로 전기 에너지를 만들기 위해 온갖 발전소를 짓는 거야.
하지만 전기는 치명적인 단점이 있어. 발전소에서 만든 전기 중에 3분의 1이 전선을 타고 오는 동안 열로 변신해 사라져 버린다는 거야!

무사히 집까지 오면 뭐해. 전원을 켜는 순간 또 3분의 1이 열로 변신해 사라져. 그래서 전구가 뜨끈뜨끈, TV도 뜨끈뜨끈한 거야. 컴퓨터도 뜨끈뜨끈, 냉장고도 뜨끈뜨끈! 전기 요금의 절반은 열로 낭비되는 요금이야!

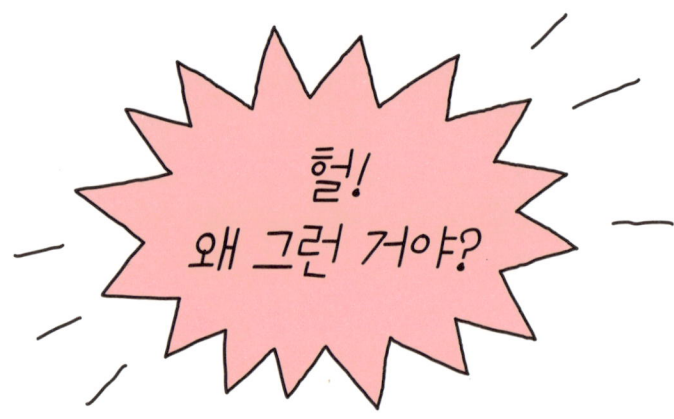

전자가 전선을 따라 흐를 때 전선의 원자들과 끝없이 부딪혀 열이 발생하는 거야. 전자가 원자들에 튕겨 에너지를 잃어. 전자 제품이 고장 나는 것도 열 때문이야. 그게 과학자와 공학자를 짜증나게 해. 사실 컴퓨터는 움직이지 않기 때문에 고장 날 일이 없어야 해. 그런데 열이 오류를 일으키는 거야.

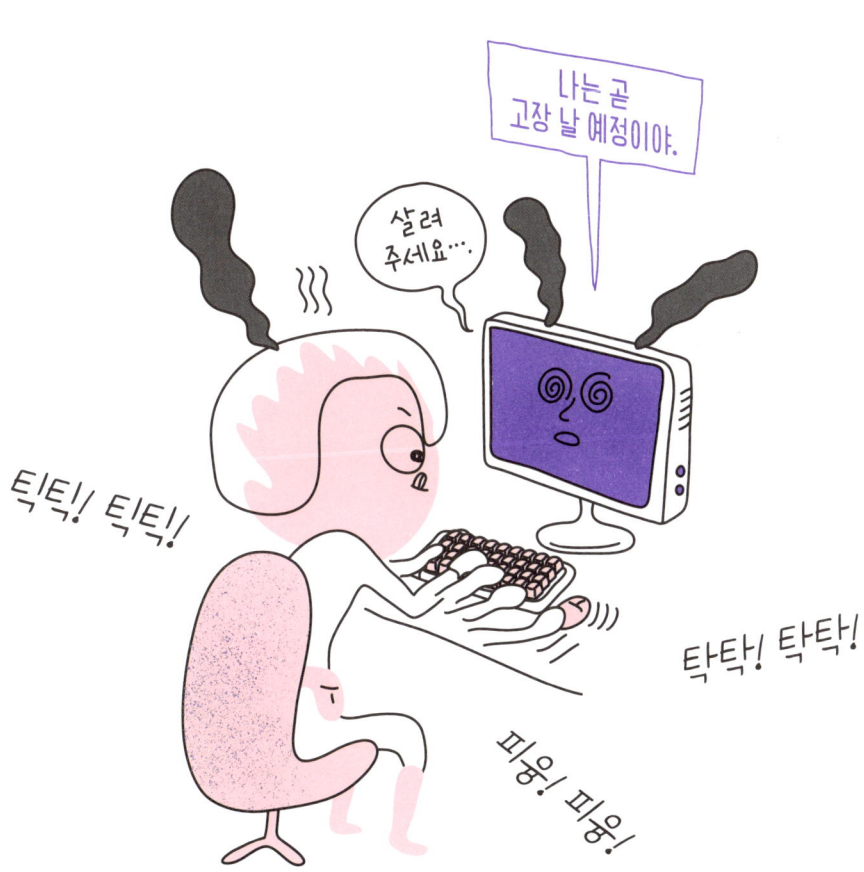

전자가 아무 방해도 받지 않고 전선을 흐를 수 있다면!
그럼 발전소의 전기는 100퍼센트 집까지 오고, 전자 제품 속에서도 열이 나지 않을 거야. 그런 물질로 전선을 만들어야 해.
"그런 게 있어?"
있어! 바로바로 **초전도체**야.
전기 에너지를 100퍼센트 실어 날라 줄 슈퍼 도체야. 완벽한 초전도체로 전선을 만들 수 있다면 믿을 수 없는 일이 일어나.
초전도체로 만든 동그란 전선이 있다고 해 봐. 전선에 전류를 한 번만 흘려주면 더 이상 에너지를 공급하지 않아도 계속해서 전류가 흘러. 10만 년 동안!
"헐! 말도 안 돼!"
어떤 과학자는 우주의 나이만큼 계속 흐른다고 주장하는 걸. 이론적으로 전자가 에너지를 하나도 빼앗기지 않고 전선을 돈다면 뱅글뱅글 영원히 전류가 흘러! 배터리와 충전기가 필요 없어. 한 번 충전으로 영원히 흐르는 전류라고!
"정말이야?"
마법사가 잃어버린 성배를 찾아 헤매듯 과학자들은 초전도체를 찾고 있어!

초전도체를 만들 확실한 방법이 한 가지 있는데 전선으로 사용할 물질을 꽁꽁 얼려 버리는 거야. 원자들이 끊임없이 움직여서 열이 생겨. 원자들이 움직이지 못하게 얼려 버려! 영하 273도로! 그건 원자 하나도 전혀, 절대로 움직이지 않는 온도인데 과학자들이 **절대 0도**라고 불러. 전자들이 지나가도 원자들이 꼼짝도 안 해.

하지만 그건 완전히 불가능해. 온도를 그렇게 낮추려면 비용이 어마어마하게 많이 들어. 배보다 배꼽이 더 크다고! 그런데 과학자들이 영하 273도보다 훨씬 높은 온도에서 초전도체가 되는 기이한 물질을 발견했어!

어쩌면 너희 집 찬장에도 있을지 몰라. 세라믹은 영하 181도에서 초전도체가 돼! 아주 높은 온도야.

"영하 181도잖아! 그게 뭐가 높아!"

맞아. 영하 273도보다는 거의 100도 가까이 높지만, 그래도 너무 낮은 온도야! 된다 해도 세라믹으로 전선을 만들 순 없을 거야. 전선은 구불구불 잘 휘어져야 하지 않겠어? 그래도 과학자들은 너무 놀라. 세라믹이 어떻게 그렇게 '높은' 온도에서 초전도 현상을 일으키는지!

그걸 밝혀낸다면 너는 노벨상을 받을 거야!

"정말?"

노벨상을 향해…

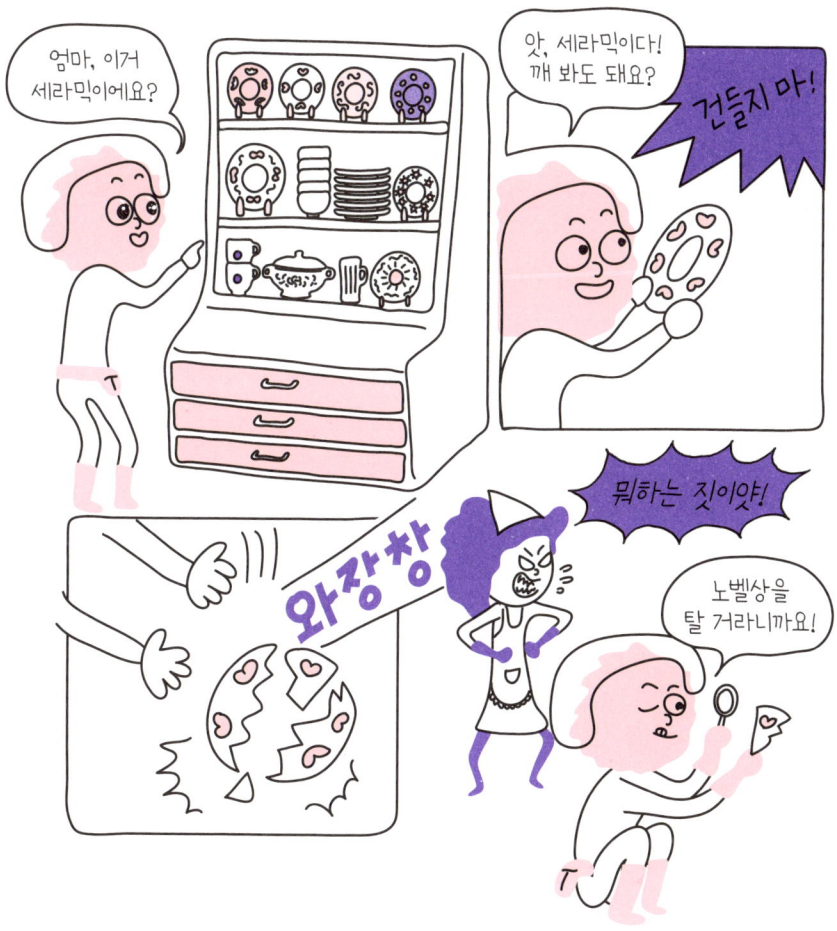

전류를 잘 흐르게 하기 위해 온도를 극저온으로 낮추기는 거의 불가능해. 그러니까 보통의 온도에서 초전도체가 되는 물질을 찾아야만 해. 바로바로 **상온 초전도체**야!
어느 날 '상온 초전도체 발견!'이라는 뉴스를 들으면 기절할 준비나 해. 지구에 기적을 일으켜 줄 뉴스니깐!

10
자기력 시대가 온다

과학자들이 상온 초전도체를 발견한다면 놀라운 세상이 와. 바퀴 달린 스케이트보드는 버려. 너는 보드를 타고 하늘을 날게 될 거야! 자동차는 연료 없이 하늘을 달리고, 기차가 허공을 날아!

"공상 과학이야?"

과학이라니까!

상온 초전도체를 이용하면 따로 에너지를 들이지 않고도 초강력 자석을 만들 수 있어. 초강력 자석으로 자동차와 기차를 허공에 띄울 수 있어!

"마술이야?"

과학이야!

원리는 간단해.

눈에 보이지 않지만 자석 주변엔 자기력 에너지가 있어. 자석 주변에 쇳가루를 뿌려 봐. 자기력 에너지가 당장 눈에 보일걸.

하지만 자기력은 초전도체를 통과하지 못해. 자기력 에너지가 초전도체 주변에서 크게 휘어져. 눈에 보이지 않는 자기력 에너지가 쿠션처럼 초전도체를 떠받쳐!

미래의 자동차는 아스팔트 도로 대신 초전도체로 만든 도로 위를 달리게 될 거야. 자동차에는 초전도체나 영구 자석이 달려 있어서 바퀴 없이 허공을 달려.

연료는 거의 필요 없어. 허공에 떠서 가기 때문이야.

지금의 자동차가 연료를 그렇게 많이 잡아먹는 이유는 바퀴와 땅의 마찰력 때문이야. 마찰력이 없다면 서울에서 부산까지 겨우 몇 리터의 기름만으로 갈 수 있어.

미래 자동차의 추진 장치는 압축 공기만으로 충분해. 한번 움직이기 시작하면 영원히 달려. 그러니까 달리는 에너지는 필요없어. 출발하고, 서고, 방향을 바꾸는 에너지면 충분해!

상온 초전도체를 발견할 수 있을까?
상온 초전도체는 바로 내일 발견될 수도 있고, 영원히 발견되지 않을 수도 있어!
너는 어느 쪽에 걸 거야?

우주 태양광 발전

100년쯤 뒤에는 우주에 태양광 발전소를 지을 거야. 인공위성 궤도에 태양광 발전소를 짓고, 지구로 에너지를 쏘아 보내.

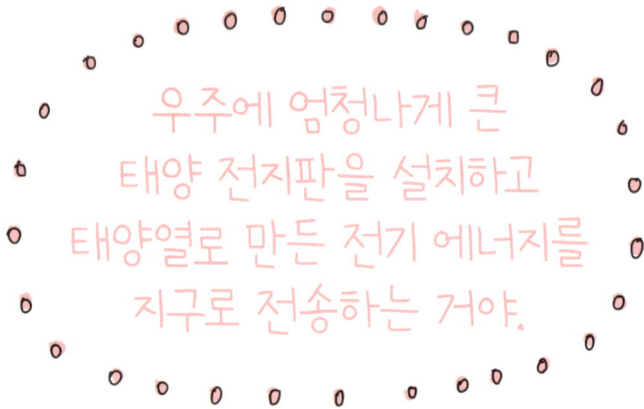

우주에 엄청나게 큰 태양 전지판을 설치하고 태양열로 만든 전기 에너지를 지구로 전송하는 거야.

전깃줄은 필요 없어. 마이크로 전자기파로 보내. 우주 태양광 발전 시대가 온다면 환경을 오염시키거나 위험한 에너지 발전소들은 지구에서 영영 사라질 거야. 우주 태양광 발전소는 지구의 태양광 발전소보다 에너지 효율이 40배 높아. 우주에는 밤이 없고, 거기엔 언제나 태양이 떠 있어. 지구의 태양열 발전처럼 흐린 날씨나 밤을 대비해 따로 에너지를 저장해 둘 필요도 없어. 수신 장치만 있으면 언제 어느 때나 지구 곳곳으로 에너지를 보낼 수 있어!

"에계계, 겨우 그런 이유야?"

겨우라니!

우주에 태양광 발전소를 짓는 비용이 아직은 너무 엄청나. 9킬로그램짜리 태양 전지판을 지구 정지 궤도로 쏘아 올리는 데만 2억2000만 원이 들어. 지금처럼 꽁무니로 불을 내뿜으며 비싸게 우주로 가는 로켓으로는 어림도 없어.

우주로 갈 새로운 방법이 필요해.

청소도 문제야.

태양 전지판이 더러워지거나 고장을 일으키면 지구에서는 지붕에 올라가 쓱쓱 닦고 수리하면 그만이지만, 우주 태양광 발전소라면 그때마다 우주 비행사가 로켓을 타고 날아가거나 우주에 상주해야 돼.

하지만 미래에는 우주 엘리베이터로 우주를 오르락내리락할 거야. 태양 전지판을 우주 엘리베이터에 실어 보내고 설치와 청소, 수리도 로봇에게 맡겨!

우주 알바

언젠가는 우주선에 우주 태양광 전지판을 달고 머나먼 우주를 여행할 거야. 연료는 필요 없어.
"나도 갈래! 내 꿈은 우주에서 직업을 구하는 거야!"

21. 우주에서 지구 에너지 문명은 몇 단계일까?

우주에서 지구의 에너지 문명은 몇 단계일까?

"그게 뭐야?"

물리학자는 우주 문명을 에너지 사용량으로 분류해.
에너지를 얼마만큼 쓰는지에 따라 1단계, 2단계, 3단계,
4단계로!

"우와! 지구는 몇 단계야?"

알아맞춰 봐.

1단계는 행성 안에 있는 에너지를 쓰는 문명이야. 광물 자원,
바람, 물…… 행성의 에너지를 모두 이용하고
자기 행성의 별 에너지 중에서 지극히 일부를 사용해.

> 사용하는 에너지
> **10000000000000000**와트!

2단계 문명은 자기 별의 에너지를 모두 활용하는 문명이야.

> 사용하는 에너지
> **100000000000000000000000000000**와트!

3단계 문명은 자기 별은 물론 은하의 수십억 개 별 에너지를 모두 활용하는 문명이야.

> 사용 가능한 에너지

100000000000000000000000000000000000000000와트야!

1단계 문명보다 2단계 문명의 에너지 사용량이 100억 배 많고, 2단계 문명보다 3단계 문명의 에너지 사용량이 100억 배 많아!
"헐!"

"4단계는 뭐야?"

4단계 문명은 은하들 저 멀리 암흑 에너지를 사용하는 문명이야. 우주에 있는 모든 별과 행성을 합쳐도 그건 겨우 우주의 4퍼센트일 뿐이고, 나머지 23퍼센트가 암흑 물질, 73퍼센트가 암흑 에너지라면 믿을 수 있겠어? 지구 문명은 암흑 에너지가 있다는 걸 알 뿐, 그게 정확히 무엇인지, 어떻게 꺼내 쓰는지 몰라.

암흑 에너지를 사용하는 문명이라면 시공간이 찢어지고 우주와 우주가 통하는 기묘한 세상일 거야. 그들은 벌써 웜홀을 찾아 다른 우주로 들락날락하고 있을걸!

그렇다면 지구의 문명은 어디쯤일까?

지구는 아직도 0단계야!

말도 안 돼!

지구인은 지금도 땅속에서 에너지를 캐고 있어!

인류는 컴퓨터를 발명하고 로봇을 만들고 인공 지능 시대로 나아가고 있지만, 에너지 단계로 보면 아직도 자기 행성에서만 에너지를 뽑아 쓰는 미개 문명이야. 오래전에 죽어 땅속에 묻힌 식물과 동물의 사체를 아직도 주요 에너지원으로 쓰고 있잖아? 화석 연료로 불을 켜고, 화석 연료로 자동차가 달려. 그것도 언제 동이 날지 몰라 조마조마해.

"그럼 지구는 언제 되는 거야? 어떻게 올라가?"

날씨를 마음대로 조절하고, 바다에 도시를 짓고, 자기 행성의 에너지를 100퍼센트 활용하는 공상 과학 영화 속 지구가 겨우 1단계 문명이야. 〈스타워즈〉의 은하 제국쯤 돼야 3단계 문명이야!

지구는 언제쯤 1단계 문명에 다다를 수 있을까?

칼 세이건 박사는 지구가 0.7단계 문명에 도달했다고 말했어. 100년 후에 지구는 1단계 문명으로 진입해. 하지만 우리의 자손의 자손의 자손의…… 자손들에겐 2단계 문명이 기다리고 있을 거야. 거기선 태양을 거대한 구로 에워싸고 태양의 에너지를 100퍼센트 활용해.

2단계, 3단계 문명이 되면 인류는 태양계뿐 아니라 수백 광년 떨어져 있는 별들을 식민지로 개척할 거야.
로봇 탐사대를 식민지 곳곳으로 보내. 탐사 로봇이 미지의 행성에 착륙해 공장을 짓고, 자기와 똑같은 로봇을 만들고, 멀리, 더 머나먼 별로 진출할 거야. 과학자들이 계산하기를 이렇게 하면 10만 년 안에 우리은하에 존재하는 모든 별과 행성을 탐사할 수 있어!
어쩌면 우주 어딘가엔 벌써 3단계 문명에 도달한 외계 문명이 있을지 몰라.

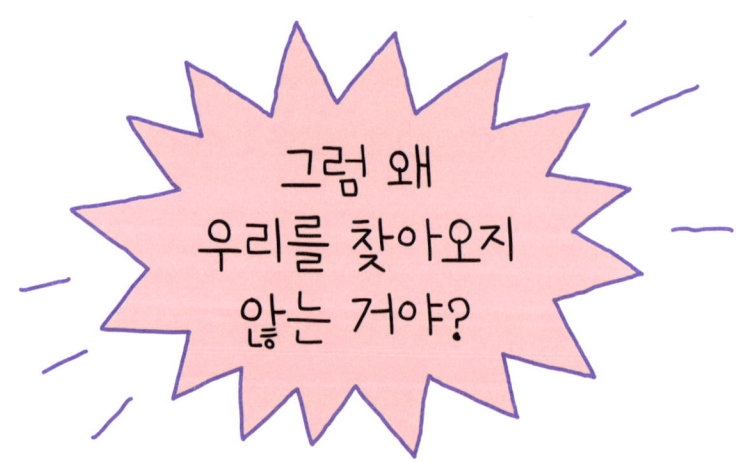

어쩌면 벌써 지구를 방문했을지도 몰라! 지구의 문명이 너무
뒤처져서 그냥 가 버렸을걸.

외계 문명은 영화에 등장하는 것처럼 기묘한 비행접시나
거대한 함대 모양이 아닐 거야. 3단계나 4단계 문명에
진입한 최고 수준의 문명이라면 벌써 로봇 공학과 나노 기술,
생체 공학으로 무장하고 완벽한 기계로 변신했을걸. 눈에
보이지도 않는 초초초 나노 기계일지도!

아니면 오래 전에 문명의 발달을 끝내고 스스로 자멸해
버렸을지 몰라.

하지만 우리는 아직도 0단계야.

지구의 문명은 어디로 갈까?

궁금해, 궁금해!

"1000년쯤 뒤에, 10000년쯤 뒤에 지구로 돌아와
보고 싶어!"

고도로 발달한 과학은
대체로 마술과 비슷하다.

-아서 클라크-

참고 문헌

제러미 리프킨, 이진수 역, 《수소 혁명》, 민음사, 2003

바출라프 스밀, 김태유·허은녕·이수갑 역, 《에너지 디자인》, 창비, 2008

미치오 카쿠, 박병철 역, 《불가능은 없다》, 김영사, 2010

미치오 카쿠, 박병철 역, 《미래의 물리학》, 김영사, 2012

베르나르 라퐁슈, 《에너지 미래학》, 알마, 2013

토니 세바, 박영숙 역, 《에너지혁명 2030》, 교보문고, 2015

나카무라 마사히로, 이용택 역, 《태양광발전기 교과서》, 보누스, 2016

사이언티픽 아메리칸 편집부, 김일선 역, 《에너지의 과학》, 한림출판사, 2017

잭 와이너스미스·켈리 와이너스미스, 곽영직 역, 《이상한 미래연구소》, 시공사, 2018

미래가 온다 시리즈는 공상이 아닌 과학으로
미래를 배우는 어린이 과학 교양서입니다.

01 미래가 온다, 로봇
김성화·권수진 글 | 이철민 그림

02 미래가 온다, 나노봇
김성화·권수진 글 | 김영수 그림

03 미래가 온다, 뇌 과학
김성화·권수진 글 | 조승연 그림

04 미래가 온다, 바이러스
김성화·권수진 글 | 이강훈 그림

05 미래가 온다, 인공 지능
김성화·권수진 글 | 이철민 그림

06 미래가 온다, 우주 과학
김성화·권수진 글 | 김영곤 그림

07 미래가 온다, 게놈
김성화·권수진 글 | 조승연 그림

08 미래가 온다, 인공 생태계
김성화·권수진 글 | 김진화 그림

09 미래가 온다, 미래 에너지
김성화·권수진 글 | 이철민 그림

10 미래가 온다, 서기 10001년
김성화·권수진 글 | 최미란 그림

11 미래가 온다, 플라스틱
김성화·권수진 글 | 백두리 그림

12 미래가 온다, 기후 위기
김성화·권수진 글 | 허지영 그림

13 미래가 온다, 신소재
김성화·권수진 글 | 권송이 그림

14 미래가 온다, 스마트 시티
김성화·권수진 글 | 원혜진 그림

15 미래가 온다, 매직 사이언스
김성화·권수진 글 | 백두리 그림

16 미래가 온다, 심해 탐사
김성화·권수진 글 | 김진화 그림

17 미래가 온다, 탄소 혁명
김성화·권수진 글 | 백두리 그림

18 미래가 온다, 메타버스
김성화·권수진 글 | 이철민 그림

19 미래가 온다, 미래 식량
김성화·권수진 글 | 박정섭 그림

20 미래가 온다, 대멸종
김성화·권수진 글 | 이철민 그림